货币裹的中國史

历代钱币的源流和图释

任双伟 著

世界图书出版公司
北京·广州·上海·西安

图书在版编目（CIP）数据

货币里的中国史：历代钱币的源流和图释 / 任双伟著 . —
北京：世界图书出版有限公司北京分公司 ,2018.1（2019.4 重印）
ISBN 978-7-5192-4072-1

Ⅰ . ①货… Ⅱ . ①任… Ⅲ . ①货币史—研究—中国—古代 Ⅳ . ① F822.9

中国版本图书馆 CIP 数据核字 (2017) 第 302751 号

书　　名　货币里的中国史：历代钱币的源流和图释
HUOBI LI DE ZHONGGUOSHI
著　　者　任双伟

策划编辑　杜　辉
责任编辑　赵鹏丽
美术编辑　蔡　彬
封面题字　王云武

出版发行　世界图书出版有限公司北京分公司
地　　址　北京市东城区朝内大街 137 号
邮　　编　100010
电　　话　010-64038355（发行）　64037380（客服）　64033507（总编室）
网　　址　http://www.wpcbj.com.cn
邮　　箱　wpcbjst@vip.163.com
销　　售　新华书店
印　　刷　大悦印务（北京）有限公司
开　　本　880mm × 1230mm　1/16
印　　张　17
字　　数　185 千字
版　　次　2018 年 1 月第 1 版
印　　次　2019 年 4 月第 4 次印刷
国际书号　ISBN 978-7-5192-4072-1
定　　价　88.00 元

賜慧泉界

賀雙偉大作付梓

北齋舊史

杜維善

杜维善：知名收藏家和古钱币研究专家，海上闻人杜月笙之子。

《货币里的中国史》，以货币历史为主线，用文学手法来叙述，读起来容易上口，再配以钱图，可以作为一本科普读物，宣传钱币，弘扬钱币文化。

戴志强 2017.9.30.

戴志强：中国钱币博物馆首任馆长，国家文物鉴定委员会委员，民国钱币大师戴葆庭之子。

目录

表目

自序

夫风雨消歇，情逝人移；盛衰幻灭，都无可据。感哉幽冥，岂寄世之朝露；悲夫天地，惟冉冉而行暮。趋庭之训，久如其故；从游舞雩，遂成庸徒。

人之所好者多矣，俗者爱其声色犬马，雅者好其泉林花鸟。谢太傅之木屐，嵇中散之古琴，则雅中之风流者也。至于袁山松之行殡，张处度之松柏，可谓一时之怪癖。然人各有癖，庸雅殊别。物无自性，讵成云泥。

余生平好古之兴，最所钟情。才非德甫，雅爱金石；情类子长，喜谈货殖。方孔虽小，所见尤大。一代之典章，一朝之制度，越千载而在目前者，于兹为易。至于好古敏求，求索不厌，先圣之所谆谆，后进之须勉勉，自不待言。偶有所感，行诸笔端，遂以成编。

天下之富且贵者，多湮灭无闻。令名传世者，意不但倜傥文采，亦必有一往深情，足以交一国之名士，而订成千秋之盛景。物我不役，更无人我，可以乐天，可以知命，可以忘忧，可以尽年。

丁酉冬于孚王府

引子

在茫茫无涯的上古之时，先民们喜欢将油脂和黏土涂抹在身上，防止蚊虫的窥伺；把草叶和兽皮穿在身上，抵御凛冽的寒风。在影影绰绰的遮挡下，他们光着屁股红着脸，走进了文明。

鸟兽鱼虫勾勒在他们的衣服上，日月星辰挥洒在他们的陶器上。他们挥着石斧，操着弓箭，勇敢地劈山射日。汗水浸透的是他们脖颈上粗糙的兽牙链子，熠熠生辉的是心上人手中的灿灿珠贝。

由于地域的限制和物欲的觉醒，小小的贝壳成了物物交换的明星。经过了漫长的淘汰与抉择，它最终从生产生活的物品中脱胎，成为衡量一切物什的尺度——货币。

贝币的单位是朋，一朋即十贝。生者以之为友，耗尽毕生追之逐之，故有“朋友”二字。死者以之为荣，珠贝陪棺瘗埋，以期殁后尊隆。在河南安阳殷墟，商王武丁之妻妇好的墓穴中，除了显示尊贵的仪仗和后母辛方鼎，还有能购买近百块田地的近七百朋贝。

人间阴曹，唯钱为神。

玄鸟降诞的殷商时期是贝币一统天下的黄金时代。商人们深衣缟冠，束发右衽，原始的贝壳已经难以满足他们世俗生活的需要，故出现了以骨头、陶土、玉石和金属制作的仿贝。在河南安阳大司空村的商代墓地中，静静地躺着几枚锈蚀的铜贝，这些是迄今为止，人类发现的最早的金属货币。

直至礼崩乐坏的春秋战国，贝币逐渐退出了战火频仍的华夏大地。只有在重礼的鲁国和野蛮的荆楚还能见到这种上古货币的影子，它们或是法祖先王，或是不屑尊周，固执地使用着鲁贝与鬼脸铜贝，直到大秦的铁骑将其迷梦踩碎……

三晋与布

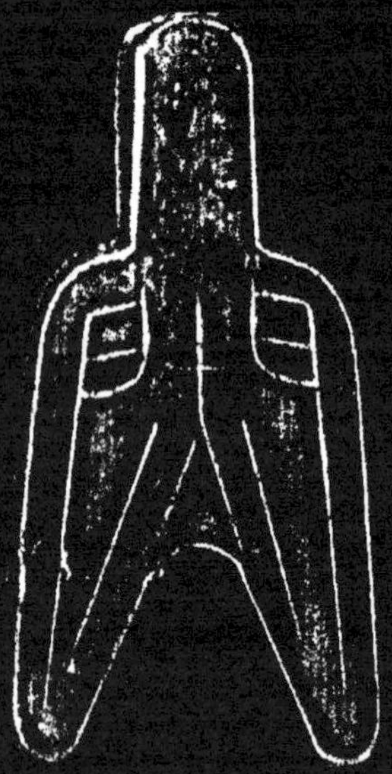

在淇水之岸，隰地之泮，有一个风姿绰约的卫国女子，微倚栏杆，泣涕涟涟。她在顿丘送别来人，嗔怪他未寻媒人，生怕再也不见归人。终于在桑之未落之际，他们再会于复关。他依旧呆呆蚩蚩，他依旧“抱布贸丝”。

这是《诗经》里古老的爱情故事。诗中的“抱布贸丝”，有可能并非布匹，而是布币。否则先毋论力能逮否，单是这一怀的粗布，也不免忒煞风景。

如同大多数原始货币一样，流行于晋国大地的布币，起初也是用于生产生活的工具。往古之时，以铜为农具，其中一种用于耨草的田器，叫作镈（即布），它的别名更为今人所熟知——“钱”。

一 原始型空首布

西周时期铸，銎部较浅，周身外郭未开刃，失去了农具的属性，具有货币属性。

晋国人日出而作，日落而息。若是累了，他们就放下手中的铲布，倚在田间地头，憩一刻蓝天青树。抬头凝睇时，看到桐叶婆娑的树影，他们会想起晋人立国的秘辛。

那是武王灭商后的大周，一切的善政还未及实施，雄主姬发却撒手人寰。年幼的周成王紧紧地攥着周公旦的衣角，好奇地张望着宫殿里大禹铸造的九鼎。面对着从四面八方传来的周公将要篡位的流言，成王不以为意。这位救乱克殷、践奄营周的王叔，从来都是周王室赖以为依的砥柱。成王以裂土分封为童戏，照着父亲姬发分封诸侯的模样，用稚嫩的小手把桐树叶子撕扯成玉圭的形状，假意把唐地封给幼弟叔虞："喏，我要给你分封土地，这叶子就是信物。”不意此举却换来周公对王权的绝对拥护，只见他一边正色地说着“君无戏言”“出口成宪”，一边急趋趋地载史颂乐，分封叔虞于唐地。

小成王泪眼盈盈地送别玩伴，终于明白国家公器不容儿戏，这才有了“刑错四十余年不用”的成康之治。

叔虞死后，他的儿子将国都迁徙到晋水之阳，号曰晋国。

有晋以来，原始的“布”渐渐地丧失了农具的属性，变成了纯粹的交换工具。布的銎顶变得极短，突出的铲脊简化成了纹理，肩部和足部或弯曲，或尖耸，像只振翅的蝙蝠。这种銎顶中空的布币被称为空首布。

二 平肩空首布

东周时期铸，肩部平直，故得名，多用于周王畿属地。

1. 大型平肩空首布面文一般为字，内容为记数、记干支及吉语等。本品为『巨』。

2. 中型平肩空首布一般为少曲系列。少曲为地名，略有市中、市南、市左等数种。本品为『少曲市南』。少曲：战国韩地，在今河南济源。

3. 小型平肩空首布钱文多为二字，制作较粗糙。本品为『安周』。安周或系吉语『周国平安』之意。

三 耸肩空首布

东周时期铸。肩部高耸，故得名。多用于晋国。

春秋末期，雄踞中原六百余年的老大王国变得气息奄奄。曾经力挽狂澜的晋国六卿成了国家尾大不掉的症结。他们曾率领千军万马，将晋国的威名传之宇内；也曾庙堂算计，把王族公室当作掌上玩物。他们前赴后继地粉墨登场又黯然退去。终于在最后一次的火并中，得志的韩、赵、魏三家挥动着斧钺，宰割了山河。

盛衰之理，何其剧与！

四 斜肩空首布

战国时期铸，肩部下斜，故得名。多用于周王畿，一说多为韩国铸。本品为『三川釿』。三川：郡名，战国韩宣王置，因境内有河、雒（洛）、伊三川得名。

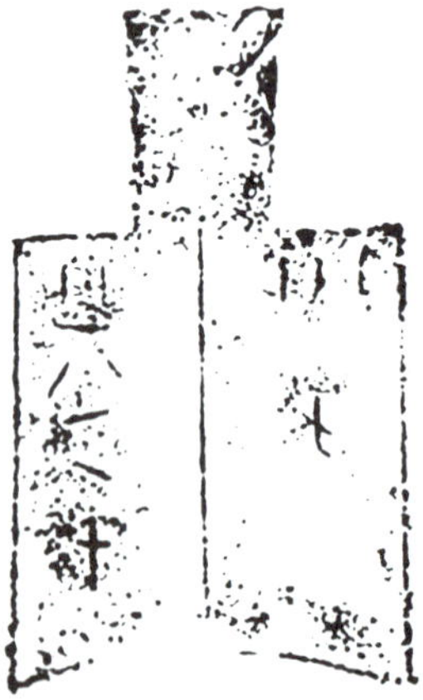

五 平肩实首布（空首布型实首布）

东周时期铸，空首布向平首布过渡时期的产物。本品为『少曲市半釿』（一说为『小化市半釿』）。

“三家分晋”虽是欺人孤弱、凌人宗祀、裂人王土的暴恶之行，但韩、赵、魏托业微贱之地，崛起孤根之中，奋衣挺剑，冲决数千载之伦序罗网，以扬“王侯本无种”之壮志。从此“名器不可假人”的周天子，残守着仅存的洛阳家业，彻底成了无人问津的孤家寡人。

“三家分晋”亦是布币由“空首布”转为“平首布”的关键时期。由于晋楚争霸和晋国内乱，军队对于兵器的需求日益增加，笨重的空首布不仅造成了金属的浪费，也再无耕作的功用，改良已是箭在弦上。再加之“连衽成帷，举袂成幕，挥汗成雨”的商业大潮，市肆对货币产生更多依赖，“平首布”便应运而生了。

平首布，即把空首布空心的銎顶简化成扁平的小把，币面的纹理具象成数字或地名，臃肿的币身缩成掌心的一半大小。某些种类的布首和布足甚至出现了穿孔，以方便携带。

根据形制的不同，平首布又可细分为锐角布、尖足布、方足布、圆足布、桥足布和三孔布等数种。平首布的出现，预示着布币的高度成熟。此后平首布的进一步分化，更多的是因为韩、赵、魏三国地域文化的渗入。

六 锐角布

战国时期铸，多用于韩魏。布首两边突起成锐角，故得名。

七 尖足布

战国早中期铸。因足部呈尖状，故得名。早期尖足大而耸肩，晚期小而平肩。

『甘丹』即『邯郸』。大约在商代武丁时期甲骨文中就已有『甘』地之名，最晚在春秋后期已有『甘丹』之称，约在战国晚期嬗变为『邯郸』。

『商城』，一说『啻城』，即『商任』，战国属赵，在今河北省任县境内。

韩国地则四面皆敌，势则夹缝求生。即算是韩哀侯吞并了富商强贾云集的郑国，也依旧是危如累卵之局。一直到韩昭侯任用申不害变法，韩国才勉强能与列国抗衡。弱国百事哀，韩币亦如是。除了铸造算是精良的平阳方足布之外，其余乏善可陈。

平阳在今山西临汾一带，韩人先祖在此创业长达百余年。以平阳为中心，可钳控上党与晋西，又可抵御北蛮与西秦。后来韩国先后迁都阳翟与新郑，平阳的政治地位开始下降，直至被赵秦两强先后吞并。频繁的更迭导致平阳方足布呈现出迥异的风格，光“平”字的写法，先后就有数十种之多。

赵国的布币深受晋、魏的影响，形成了以平首布为主的货币体系，又因为和中山、燕国地缘紧密，也出现了具有赵国特色的刀币。

赵国方足布的面文大致有安阳、襄垣、襄阴、同是、平阳、蔺、祁、郛等。其中安阳布的出土量甚巨，大体有文字粗疏的大型安阳布和文字细腻的小型安阳布两种。此外，赵国的圆足布也是布币中特殊的门类，布面上的“蔺”与“离石”，几乎承载了整个秦赵争霸史。

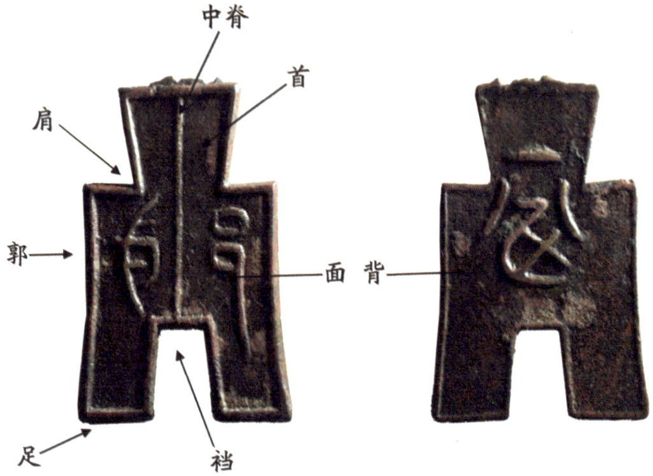

戈邑（背一分）

『平阳』，韩布。

八 方足布

战国中晚期铸，多用于三晋。足部呈方形，故得名。

『安阳』，赵布。

『匋阳』，燕布。

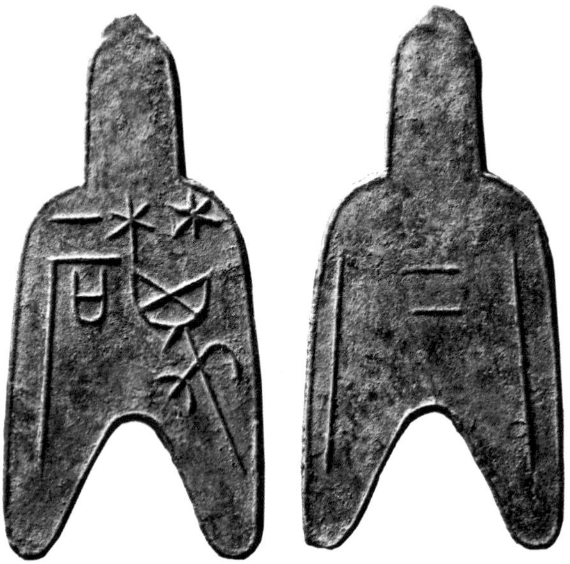

九　圆足布
战国中晚期铸，多用于赵国。
圆首圆足，故得名。
『离石』：今山西离石，战国前期系赵邑，后为秦占。

三晋之中，魏国布币最为繁杂。三家分晋后，魏文侯建立魏国，任用李悝变法，首霸战国。据说魏文侯即位之初，某地的纳贡比往年多出十倍。朝堂之上，山呼万岁，只有相国李悝不置一言，静默地思索着他的变法关节。

大殿中“大魏万年”的呼声遽然减弱。仕宦皆佝下身子，偷眼望着文侯。

“诸位，前些时日，寡人去大梁考核相国的平籴新法，途中遇见一位老农，他将羊皮统子反穿在身上，羊毛向内而羊皮向外，煞是奇特。”文侯低沉的声音在沉寂的大殿中传开。

客卿段干木问道：“君上可曾问他因由？”

文侯答道：“那老农说他如此穿着，风吹日晒，背负柴火时，损伤的就是羊皮，而不是羊毛了。”

群臣哭笑不得。

文侯话锋突转："如今魏土未多一寸，赋税却十倍于前，如此，皮之不存，毛将焉附！"

如此仁政恤民的景况，源于文侯之师孔门子夏的影响。此外，文侯还任用翟璜，整顿吏治；擢西门豹，治理地方；起用吴起，吞并秦河西；委任乐羊，湔灭中山国。一时天下豪杰，皆入彀中矣。

如同魏国散乱的国土，魏国布币门类繁多，殊可一究。魏地是最先实现空首布向平首布转化的地区，不仅全盘继承了晋国布币的单位——釿，还创造性地在布币中加入了子母相权（即大小兑换）的模式，明确了货币之间的兑换关系。

与韩赵两国不同的是，经济是推动魏国布币演变的主要原因。魏惠王时期，魏国都城从闭塞的安邑迁到了水陆枢纽大梁。此城东连齐宋，西通韩秦，南接楚国，北达燕赵。随着商贾的云合聚散，魏国的布币流通到列国，甚至在后来一统诸币的秦半两上，还能看出魏国圜钱的影子。

十桥足布（釿布）

战国时期铸，多用于魏国。裆部似桥，故得名。币文多为纪重和魏国地名。

安邑：魏旧都。虞：古国名，夏禹封舜子商均于虞，先被晋占，三家分晋后属于魏地。梁：魏新都大梁，代指魏。

安邑二釿

安阴二

虞一釿

梁正币百当寽

梁一釿

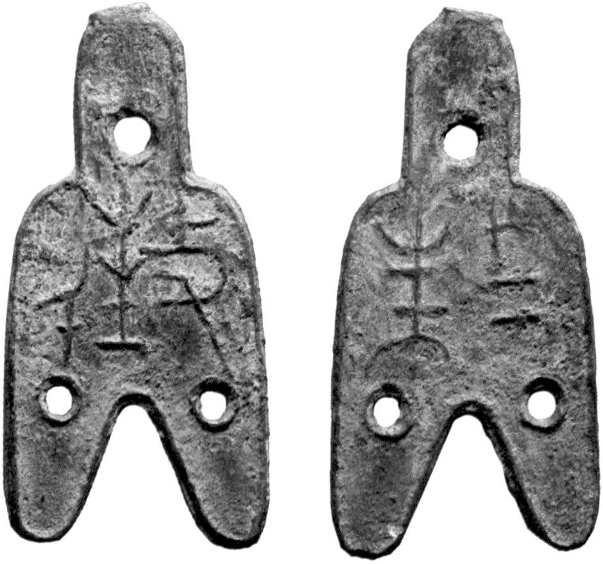

十一　三孔布

战国晚期铸，多用于秦赵。圆首圆足，形如圆首布，于布首与布足各有一孔，故得名。面文多为地名，背文多为纪重、纪值。本品为『封氏』背『十二铢』。

天下之势，分久合之，三晋如此，布亦如是。其实早在赵襄子、魏桓子和韩康子诈诓智伯，反戈分晋时，便已仁义不施、攻守势异了。

秦始皇十七年，内史腾攻破新郑，俘韩王安，韩国灭亡。

秦始皇十九年，赵王迁开城请降，赵国灭亡。

秦始皇二十二年，秦将王贲水淹大梁，魏王假出降，魏国灭亡。

三晋迭亡，根源在于失人。

魏武侯曾与吴起泛舟黄河。眼见漫江波涌、巨浪盈天的盛景，武侯咏叹道："伟乎哉我山河之固！壮乎哉我武卒巨橹！"

吴起忧虑道："就怕是明珠暗投，主疑臣嫉。恐有一日，这满船的壮士都会投奔敌国。"

彼时魏国独霸，天子震惶。武侯哪里听得进去吴起的谏言，权当作痴人呓语。

其狂也猝，其亡也速。

短短十数年，满朝冠盖，一朝奔散：吴起奔楚，孙膑入齐，商鞅出魏，张仪相秦，范睢亡命，信陵沉迷。韩赵更是不遑多让，出质韩非，诛杀李牧，天怒人怨，曷其有极。

风雨八百载的三晋与布竟是救无可救，避无可避。

楚币问鼎

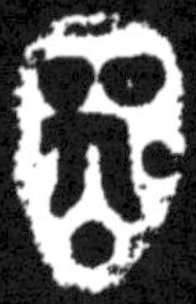

天子之怒，伏尸百万，流血千里。

东夷宾服之后，周昭王决定挟胜逼楚。除了对久不入朝的楚人报以颜色外，更让昭王心驰神往的还有灿灿如日的楚地黄金。

黄金是一种古老的称量货币，早在姜太公创设的“九府圜法”中就有以黄金为货币的记载。是故“三致千金”的陶朱公和“家累千金”的吕不韦，都是富埒王侯的豪商巨贾，“一诺千金”和“千金买骨”也都是极言难得之事。

先秦文献中的“金”多指铜，所以有“千金之剑”“百金之鱼”的表述。至于金、银、铜，大抵是用颜色区分：《尚书 · 禹贡》有“惟金三品”的记载，《史记》称“虞夏之币，金为三品，或黄，或白，或赤”。班固在《汉书》中亦说：“金有三等，黄金为上，白金为中，赤金为下。”故可知三者皆可称金，只是按照颜色称之为“黄金”、“白金”与“赤金”而已。至于更易与黄金混淆的黄铜，则是千年之后的事物了。

『爯』字在先秦时的一些写法：

楚国金版

郢爯（一说郢爰）

陈爯（一说陈爰）

汉朝金饼

所谓“雍州出玉，荆扬出金”，楚国向来都是先秦声名最著的黄金产区。不同于汉代常见的饼、马蹄、砖等形状，楚金以版状为形，以“爰”字为文，故又名为“印子金”或“爰金”。

楚金从来都备受列国觊觎，倘若是侵略强夺，免不了楚人以牙还牙；要是诈术巧取，也避不过之后的再三牵扯；索性快意将楚国灭了，却是“楚虽三户，亡秦必楚”的危局了。

此番周昭王南征楚国倒算是“明智”，竟失足溺死于汉江之中，自我了断了。

昭王以降，周室渐衰。

周平王东迁洛邑后，昔日 “普天之下，莫非王土；率土之滨，莫非王臣”的周天子，如同倡优一般，为往来的霸主唱喏。

起初是郑庄公，这位周朝卿士封地不大，胆子不小。他把“多行不义必自毙”的弟弟赶到共城，将生母置于“黄泉”之中。天子联军他敢战，五国征讨他能胜，最后他还要走了周天子的儿子当人质，好不威风。幸好这位同宗还算识趣，依样画葫芦地给周天子送去了自己的儿子，史称 “周郑互质”。平时的贡品、朝见也都不见少，勉强算是维护了天子的颜面。

接着是位忠臣，谁对天子不尊他就打谁，天子不高兴谁他就讨谁。依靠着这棵大树，周襄王大张天子之威，时不时地还能把几十年不用的天子兵车拉出去遛遛。南方的楚国也被迫送来了“包茅”朝贡，算是了却了周昭王死于征楚的仇怨。周襄王找回了天下共主的感觉，投桃报李地在葵丘赐给这位忠臣天子胙、彤弓矢以及天子车马，举凡《周礼》所载，能给的尽给了。后来这位忠臣被自己的儿子关了禁闭，活活饿毙，史称齐桓公。

贫者事哀。见辱于诸侯还毋算，都城之内，周襄王的亲弟弟也造起了反。周襄王和先祖周平王一样开始逃难。这次襄助周天子夺回洛邑的不是护送周平王的秦人，也不是周襄王的老朋友齐桓公，而是一位长相奇特、肋部连成一整块的远亲，叫姬重耳。此公便是春秋时期的第二个霸主——晋文公。

历经战祸的周王室日渐式微，但还是极尽赏赐，甚至连临近晋国的周地都分封给了晋文公。晋文公没有令周襄王失望。城濮之战后，他不仅将战俘和战车献与周天子，还帮助王室修建宫殿，不久又召集列国朝拜天子，面子、里子一并还了。如此，周襄王与晋文公各自拥着王道与霸业的美梦，含笑九泉了。

磬币：

春秋时期周王畿地区铸造的桥形币，亦称磬币，一说为铜璜，是否为货币尚有争议。

大型龙纹磬币

虎头磬币

周道日衰，在铸币中也体现得分明，最为典型的当属废除“子母相权”、独行大钱一事。

所谓“子母相权”，即发行轻重不等的两种货币：物价上涨时，发行大钱以购买贵物；物价下跌时，发行小钱以购买贱物。国家通过轻重货币的依次发行，以平衡物价。

子母相权最早出现于周文王时，《逸周书》有载：“（周文王见）币租轻，乃作母以行其子。”周景王即位后，想要废除小钱，专行大钱。单穆公劝谏道：“今王废轻而作重，民失其资，能无匮（乏）乎？”然而周景王一意孤行，致使国势维艰，最后竟到了向列国乞讨的地步。

可笑的是周景王不知自省，反以“数典忘祖”来斥责因忙于应付夷狄而难以资助王室的晋国。如此，赫赫大周不仅威严扫地，连尊严都涤地荡然了。

北方的周人苟且着，南方的楚人到底是意难平了。

楚人本是火神祝融之后，却被商人、周人看作茹毛饮血的野人。即使是帮助周人收拾河山，楚人也只换来低微的爵位——“子爵”。他们自己穷得连祭祀用的“大牢”（牛、羊、猪）都凑不齐，仍不惜举全国之力给周天子献上楚地的珍奇之物，却依旧被周天子视作蛮夷，同处地偏远的酋长们一起在殿外看火。后来只因为疏忽了朝贡时间，楚国竟招致周天子屡次三番的征伐。

等到周天子势衰了，崛起的霸主们也都头一个拿楚国开刀。每一次的尊王攘夷，背后都是楚人流不尽的血泪。

可是这个氏族，筚路蓝缕以启山林的蛮楚，恰如卧丘猛虎，伏爪忍受。一俟骨子里盗火者的血液波涌翻腾，便于狂风中怒吼：

“我蛮夷也，不与中国之号谥！”

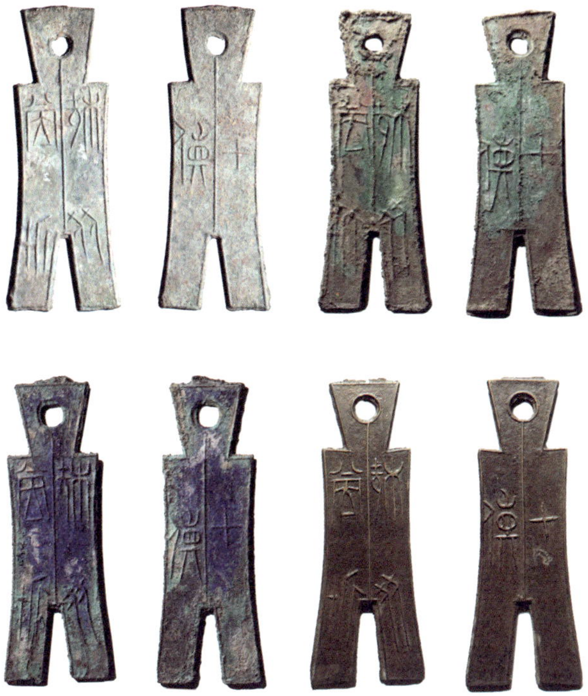

楚国大布：殊布当釿背十货（一说背七慎）

说出这句话的人叫熊渠，中原诸国眼中的卑贱楚子，振兴楚国的一代豪杰。面对强大的周王室，他没有选择逃避，而是趁着周天子讨伐太原之戎的时机，偷偷地蚕食周围小国的土地，使羸弱的荆楚一跃成为江汉流域的霸主。更为“僭越”的是，他竟然把自己的三个儿子封成王爵。他虽然后来迫于周厉王的威势，将王爵自行废去，但是依旧把不循成法、敢于突破的楚人精神，彰显得淋漓尽致。

楚国连布（四布当釿）

楚国大布是连布的两倍，是所谓子母相权，与后世非等额的虚值大钱概念迥异。

一百多年后，楚君熊通即位，他创造过两个第一：一是吞并权国后，设置权县，这是中国郡县制的开始；二是通过汉阳诸姬向周天子讨要高等爵位未果后，自立为王，称楚武王（非谥号），开诸侯僭号称王之先河。

楚国不顾中原大国的反对，屡屡吞并周天子分封的小国。在进逼中原的过程中，楚国终于碰到了硬钉子——晋国。当时的楚王是雄主楚成王，可惜他的对手正是春秋五霸之一的晋文公。据说晋文公流亡时曾被楚成王收留，许诺晋楚两国若是开战，晋国必当“退避三舍”。不料一语成谶，竟真有了以弱胜强的“城濮之战”。

此一役，晋国大胜。晋文公向周襄王献楚俘一千名、兵车四百乘，并被周襄王命为诸侯之长，匡扶江山，不在话下。战败的楚成王从此一蹶不振，最终被儿子商臣逼迫自缢。

国势无常，真正属于楚国的荣耀，还在二十年后。彼时楚成王的孙辈楚庄王继承了楚人铁与血的精神，率领着楚军走向了所向披靡的问鼎中原之路。

楚庄王性本昏聩。《史记》有载：一日，楚庄王左拥郑姬，右揽越女，佐以音律，活色生香。突然大夫伍举（一说伍参）冒死进谏：“有鸟止于阜，三年不飞不鸣，是何鸟也？”庄王听出了伍大夫的弦外之音，想起自己从政数年，或是飞狗围猎，或是沉湎声色，以至楚国江河日下，内有若敖独断之难，外有晋国蚕食之祸，国亡政息就在眼下。庄王先是沉默，继而思索，终而奋发：“三年不飞，飞将冲天，三年不鸣，一鸣惊人！”

从发下一鸣惊人的豪言开始，真正让楚庄王前后判若两人，甚至连轻佻的性格都为之一变的原因应该是楚庄王八年的“问鼎中原”事件。

见金四朱（视金四铢）
陈介祺、袁克文、张叔驯、平尾赞平迭藏，现藏于赵梓凯处

是品“见金四朱”铜钱牌，出土于湖北东南部一带，为战国中晚期楚铸币。旧释“见金”为“良金”“白金”“艮金”，“见”通“现”，今又有学者释其为“视”，谓此则文义可解通。此系列铜钱牌有“一朱”“二朱”“四朱”之等级差别。据考证，它们系楚国用来与金版兑换的地方性货币。

那时楚军饮马黄河，在大周王畿举行阅兵。彼时的大周早已沉睡在齐桓公、晋文公“编织”的太平盛世里。新任天子周定王在惊惧之下，慌忙派出大夫王孙满去犒劳楚军，以探虚实。

只见王孙满华车衣锦，缓步来到楚军营帐前，说道：“楚子讨伐‘陆浑之戎’，途经我洛邑。天子甚慰，特派外臣来劳师。”

未等楚庄王开口，左右便不怿了：“我先祖成王时，周天子赐胙，命我大楚镇辅南方，当时楚王就已是‘侯伯’之尊。如今阁下见我王不行大礼，称之为‘子’，难道符合周礼么？”

王孙满见楚人中计，回道：“大人所言不虚，然天子让楚国镇守南境，勿侵中原。如今楚军陈兵王畿，却是谁先失的礼？”

楚营中的王孙满口若悬河，将楚人批驳得直喘粗气。只听轰隆一声，楚庄王掀翻案儿，将历代楚人的兴衰荣辱狠狠地“宣泄”出来：“寡人今日就是想看看，天子的九鼎，能否大过我千里楚地，能否重过我万钧楚兵！”

王孙满长叹，揖道：“楚王容秉，在德不在鼎。昔时大禹铸九鼎，以承天命。夏桀昏聩，鼎迁于商。商纣暴虐，鼎迁于周。以德配天，鼎再小也重；暴虐昏聩，鼎再大也轻。如今周室衰弱，但是天命未改。江山有多重，九鼎就有多重！”

楚庄王怔住了，本已高高举起的发兵令信，被他缓缓地放下。或许他能扬鞭灭周，以血前仇，起码也能赚几个鼎再归国。然而强晋在侧，周藩环伺，一时意气，奈何存亡。

最终王孙满被礼送回洛邑。

自楚庄王三年起，楚国先后战胜庸、麇（音同“君”，常误作麋、靡）、宋、舒、郑、陈等国，并于十七年在邲地大败晋国，成为天下霸主。

根据《左传》记载，邲之战后，潘党建议楚庄王将晋军的尸体筑成“京观”，来彰显武功。“京观”又称“武军”“阬”，即是将敌军的尸体或者头颅堆叠在道路两旁，用土夯实，形成锥状土丘。

京观是一种非常残酷的虐尸行为。中国传统文化中素有“入土为安”的思想，往古只有惩罚元恶大憝时，才行此酷刑。

白起长平一役，阬赵军四十万，流血成川，沸声若雷，号曰“人屠”；秦皇诛戮“文学方术士”四百六十余人，皆阬之咸阳，千载之精粹，百家之鸣刊，尽喂秦火；项羽破釜沉舟，于新安城南阬秦卒三十余万，多少孤妻幼子，枯冢荒烟。此三人者，世称暴虐，其视人命，如艾草菅然。俟后身死国破，各以类至，报应之势，果共轧之。

楚庄王如是答对：“所谓武字，止戈为武。晋军为国而战，义胆忠肝，怎可筑成京观？”

悯恤忠义，止戈为武，千载之下，令人神往矣。是所谓：

赫哉庄王，仁德之主。

始不飞鸣，终能张楚。

窥周围宋，声威如虎。

践兹中土，败晋扬武。

虽为荆蛮，桓文为伍！

在问鼎之路上，楚庄王也曾废除小钱铸造大钱（“庄王以为币轻，更以小为大”），果然招致和周景王时一样的困顿局面：“百姓不便，皆去其业。”与周景王不同的是，楚庄王善于纳谏。他听从孙叔敖的建议，恢复了旧制。

楚国是唯一具有金、银、铜三种铸币和版形货币的先秦国家。有文铜贝是除楚金外，楚国货币体系中的另一支柱。因面文形似蚂蚁歇于鼻尖，又像是令人瑟缩的可怖鬼脸，故其又被称为蚁鼻钱和鬼脸钱。有文铜贝钱的常见的币文是“巽”和“紊”，其中“紊”字被认为是“各六朱（铢）”的缩写，含有“一币即六铢”之意。

特立独行的楚国货币与敢为人先的楚人精神一脉相承。楚庄王的问鼎，与楚国货币所带来的经济的繁荣是难以割裂的。从某种程度上来说，楚国的问鼎就是楚币的问鼎。

在诡异莫测的楚金、鬼脸上，歪歪斜斜地记录了楚国近千年的彷徨与荣耀。如今硝烟散去，行走在湖北武汉的街头，你偶尔还能听见当地人说着古老的方言——“不服周”，恍若隔世。

蚁鼻钱种类

君，谓所爱之物也，酒竹皆为君，言大众所喜之意。

行，谓流行也，表示货币通行之意。

忻，即釿，一说为忻本意，表示大众喜爱之意。参考楚大布殊布当釿背十货，有可能十品忻贝等于一品大布。

，即匋，地名，无考。一说为安、朱。

巽（一说贝、咒、竞、哭）为重量名（『夏后氏不杀不刑，死罪罚两千馔。』《尚书大传》）。

各六朱，即各六铢，一说各一朱（铢）、朱（铢），意如其文。

全，一说金、百，指铜贝质地完好。

刀出斉蕪

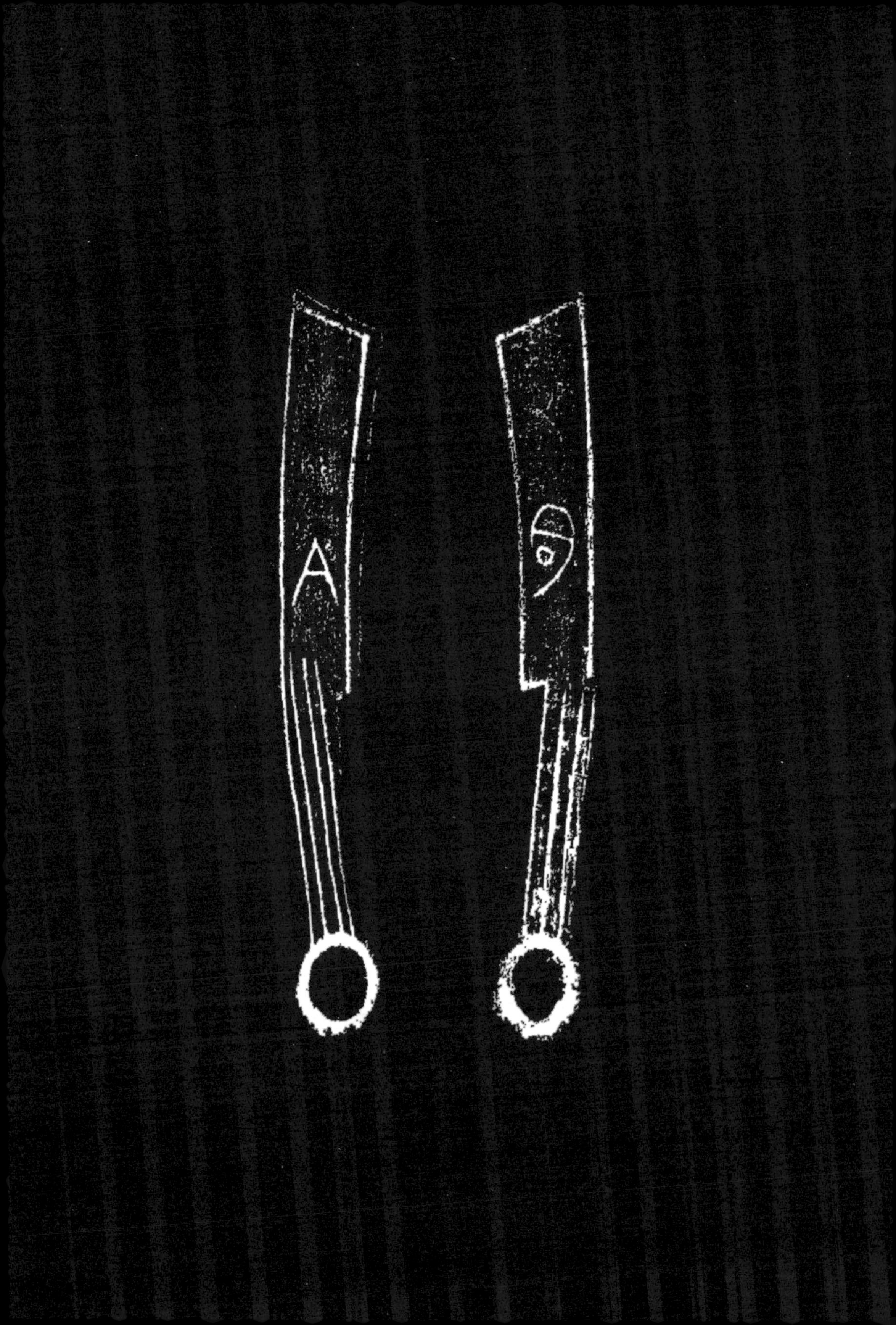

古人制作竹简，必须削竹为之，然后放在火上炙烤，沥出竹汗，是谓“杀青”。这剔具名曰削刀，先秦时已有，至今还是文房雅器。原来刀具也不尽是肃杀凌厉的，若是兼佩玉具，刻以绣文，就是活脱脱的君子之风了。

削刀本是短兵。古人于战场上左持长槊，右执短削，跃马陷战，颇有些血腥气。承平时日，敌我双方互通有无，以物易物，削刀就逐渐演化成了刀币。

刀币起源地约有三种说法，即戎狄、燕国与齐国，其中又以戎狄说最为盛行。《史记》有“山戎来侵我，齐桓公救燕”的记载，《水经注》亦说“盖齐桓公霸世，北伐山戎”。应是在春秋战国时，由于三地战事迭发，赀财往来，备极款曲，刀币便如此传诸三地了。

刀币按刀首形制可分为尖首、针首、圆首、截首和平首，按国别又有鲜虞刀、燕刀、齐刀和赵刀之分。诸刀之中，以燕国铸造的“明”刀最为通行，亦有人将“明”字释读为“匽”“莒”“易”等字。除此，厚重精美的齐刀、挺拔刚正的赵刀，都是刀丛中耀眼的门类。

削刀

鲜虞刀

刀币分类（按刀首）

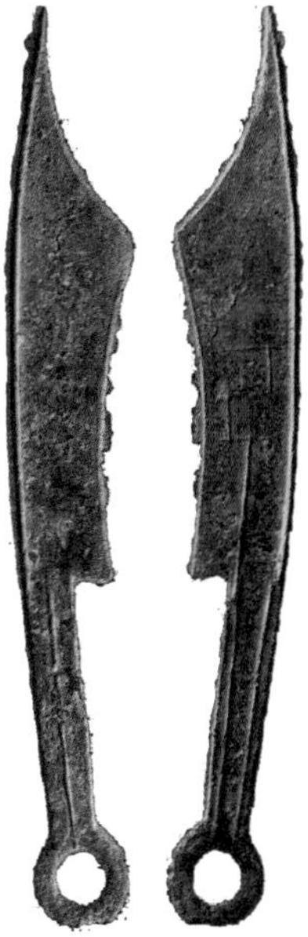

针首刀『己』

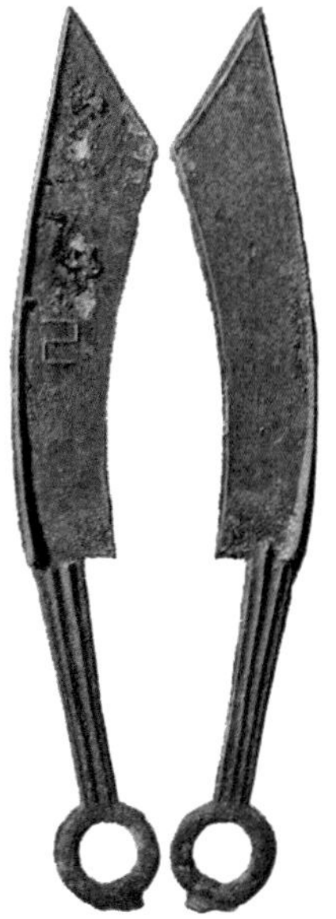

尖首刀『己』

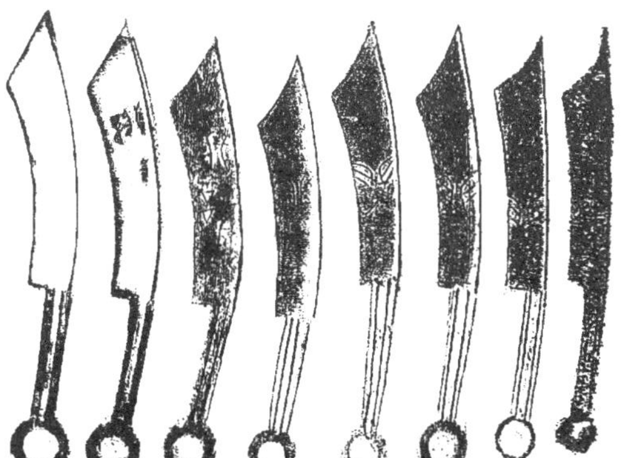

非刀演变图：

尖首刀到针首刀的流变图，以非刀为例

（演变图取自黄锡全《先秦货币研究》）。

圆首刀『城白』（赵刀）

圆首刀『白人』（中山国）

截首刀（战国早期铸，多出土于齐地。）

平首刀『晋化』（赵直刀）

在众多刀币中，“齐明刀”最有意趣。其铸地为齐，铸国为燕。它磊落地叙述着齐燕两国的深切仇怨，不是史官，胜似史官。

公元前 321 年，燕王哙即位，《韩非子》称其为“古之所谓圣王明君”，而司马贞在《史记索隐》中又以“无道”为之盖棺。其实二者并不矛盾，前者说的是他的为政之道，后者指的是他的禅让之策。

燕王哙御国有术，短短两年便一扫燕易王时的积弱之状，成了参与五国伐秦的诸强之一。当是之时，秦国在休鱼大败联军，斩杀韩军主力近十万。看到西隅弱秦倚仗商鞅变法，短短几十年竟称霸列国，燕王哙心下笃志，苦苦探求能够带领燕国变法图强的国士。在经过长达三年的考察后，他最终寄希望于法家名士子之的身上，只是封官赐爵还毋算，竟连王位都禅让给了子之。

燕王哙的灵感应该是源于上古的尧舜禅让，这种儒家口耳相传的仁义之举，却吊诡地成了法家执政的奠基石。可惜燕国还是走了大禹的老路，只是这次轮到伯益逼死夏启了：太子平举兵造反，兵败身死。一时国构难数月，死者数万众。

在隔岸观火的齐国庙堂上，齐宣王陷入了“天予不取，必遭天殃”和“大国交恶”的两难抉择。硕彦名儒孟子以“武王伐纣”为开脱，百姓“箪食壶浆”来巧激，力陈伐燕之利。在孟夫子的摇唇鼓舌下，齐宣王舍义取利，命齐将匡章率领“五都之兵”“北地之众”火速入燕。

君臣媒孽，生民倒悬。自是燕都亟破，王哙身死，子之亦身被数百创，零落成泥。

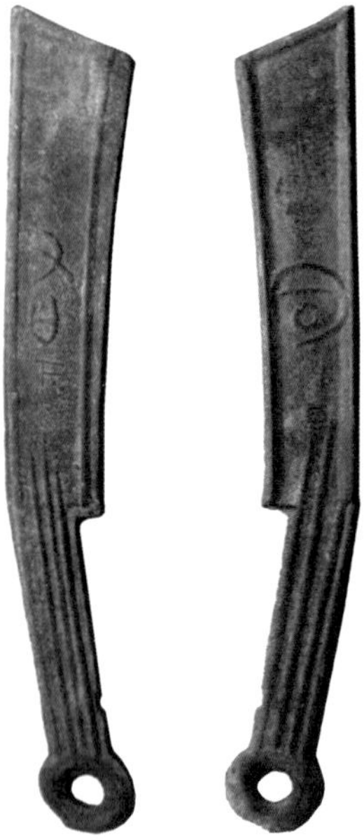

燕明刀

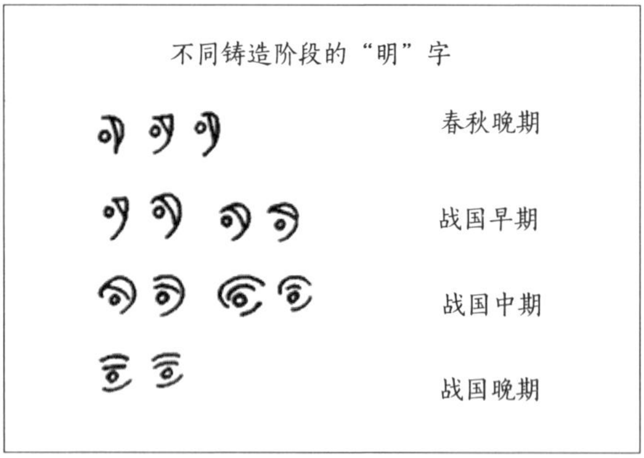
不同铸造阶段的“明”字
春秋晚期
战国早期
战国中期
战国晚期

齐明刀（又名博山刀）
在齐国之地铸造的燕国明刀，或为燕国占领齐国时造，或为齐国仿铸。其中一种背文有『莒』字样，或为燕国为占领莒地所采取的同化手段。

齐兵入燕，本就是趁火打劫的勾当，哪得一人顾从军纪。可怜燕人屋漏逢雨，先是做了太子与子之纷争的蝼蚁，后又成了燕军肆意凌虐的鱼肉。孟老夫子口中齐军，本是解民倒悬的解放者，如今倏忽一变，却成了彻头彻尾的侵略军。

灾难终于在秦赵的干涉下结束了。燕公子职被赵武灵王从韩国迎立，是为燕昭王。

燕昭王即位后，求索能臣而不可得。老臣郭隗献策："古有国君，欲求千里马。有臣子用千金购买马骨献上，君王大怒。臣子解释道：'千金买骨，足以体现大王购马之诚，天下人必纷纷献马。'"燕昭王深觉有理，索性将郭隗当作"千里马骨"，加封显官，筑"黄金台"，以诱贤能。

此举颇见成效，天下士人纷纷入燕，名之最著者当属魏人乐毅。乐毅本在赵国为官，离赵去燕后，被燕昭王委任为亚卿，整饬国政，意在灭齐。

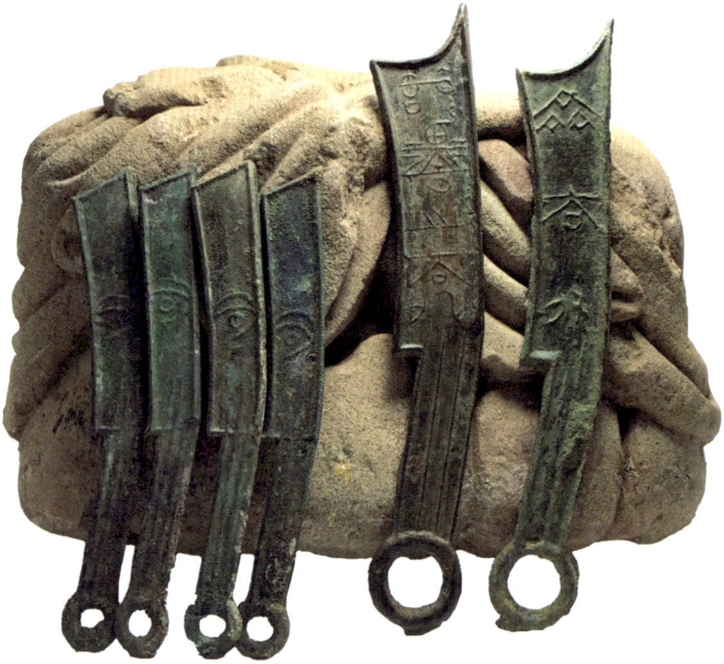

齐国本是姜太公的封国，号曰姜齐。齐桓公任用管仲，九合诸侯，一匡天下。齐桓公死后，姜齐在名相晏子、名将司马穰苴的治理下再次兴盛。又百余年，权臣田和篡齐自立，重赂周天子，得封诸侯，史称田氏代齐。

此时的齐国正值霸业的顶峰：齐湣王仰仗着威、宣二王留下的深厚家底，四面为战："南败楚相唐眛于重丘，西摧三晋于观津，遂与三晋击秦，助赵灭中山，破宋，广地千余里。"

《书车》曰：自致者急，载人者缓，取欲无度，自致而反。当是之时，秦为西帝，齐为东帝，两国并有包举宇内、宰割天下之心。然秦国张弛有度，攻一国则交一国，占两地而还一地，鲸吞蚕食，游刃有余。齐国如久穷乍富，明面上屡胜列国，实则开罪天下，再加之宿敌燕国的暗中死间，国势已是强弩之末。

公元前284年，燕昭王拜乐毅为上将军，率领五国联军攻打齐国。联军迅速攻破齐境，于济西大败齐军主力。乐毅亲率燕军直捣齐都临淄，一举灭齐。

齐湣王败逃莒地，被楚将淖齿骗杀。

那齐国的霸业如银花火仗，迎天直上，逆空而炽，霎时间昼黑夜红。不几时华彩坠没，便是浊浪涛江，不改长流了。无尽的废墟里，只余下“即墨”与“莒”两城还残存着齐火。

在即墨被围困了整整三年后，齐将田单用计离间刚即位的燕惠王与乐毅，再以“火牛阵”大破燕军，收复齐境。

“齐明刀”便诞生于燕国灭齐的背景下，其形制如同一般的“燕明刀”，也由刀首、刀身、刀柄和刀环四部分组成，只是战争之际，铸造不免粗疏，刀体轻薄、瘦狭，就连文字也漫漶不清，甚至还不如鲜虞等夷狄铸行的刀币，更遑论与精美的齐大刀相较。

刀即“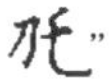”，在先秦时的写法有：

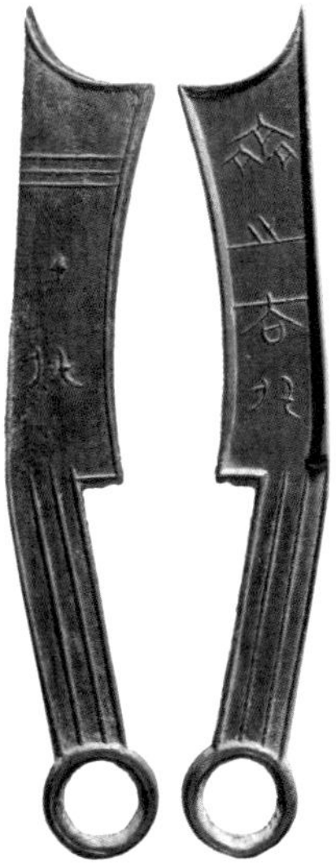

齐之大刀

春秋中晚期铸，或出现于管仲变法时（『大刀』一说为『法化』，下同）。

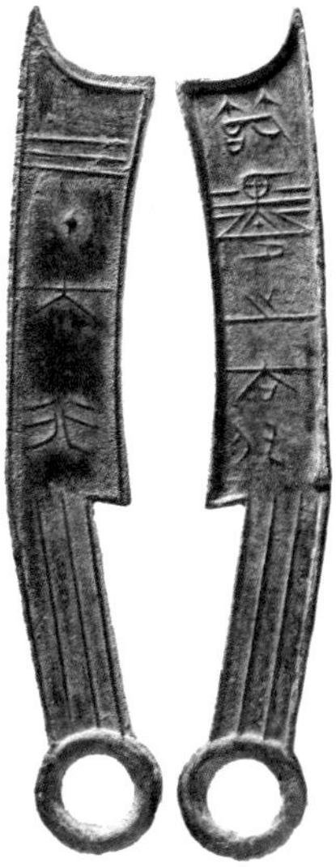

节墨之大刀

春秋晚期铸，『节墨』即『即墨』，因背文有安邦、辟疆、大昌，故或为纪念齐灵公灭莱国所铸。

莒大刀
战国中早期铸，一说世仅三品半。

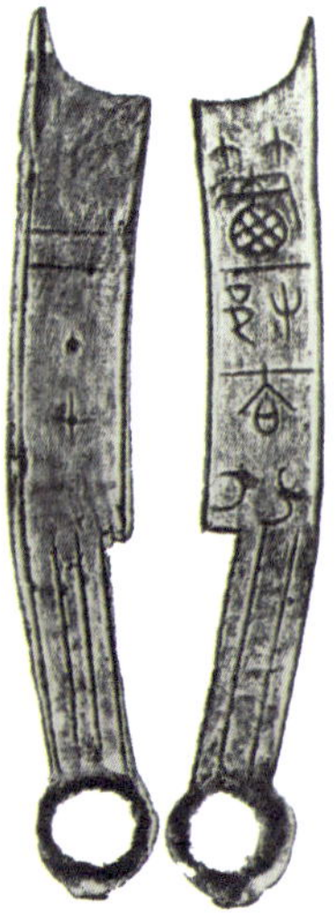

安阳之大刀
春秋晚期铸。《史记》记载：『（齐宣公四十四年）伐鲁、莒及安阳。』安阳入齐，或铸此刀。一说为莒地之安阳。

齐返邦长大刀
长即蒢，一说『返邦』为『建邦』『造邦』。战国中晚期铸，或为齐湣王灭宋的纪念性货币。

齐大刀
战国中晚期铸。

节墨大刀
战国中早期铸。

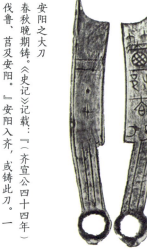

先秦异形币的精妙，尤其是刀币与布币的高度成熟，与“模范”的变革息息相关。

今人所谓“模范”，其实是青铜器的铸具，用在钱币上，就是“钱模”与“钱范”。如同青铜器的铸造工艺一样，早期货币的铸造方式也是“模—范—熔液—浇注”的模式，即先做出“阳文”的“模”，再用“模”翻铸出“阴文”的“范”，最后把铜水浇注入“范”中，冷凝成“阳文”的钱币。模范的出现，使铸币趋于规范化和标准化，模范的铸造理念亦是如今“模范”含义的滥觞。

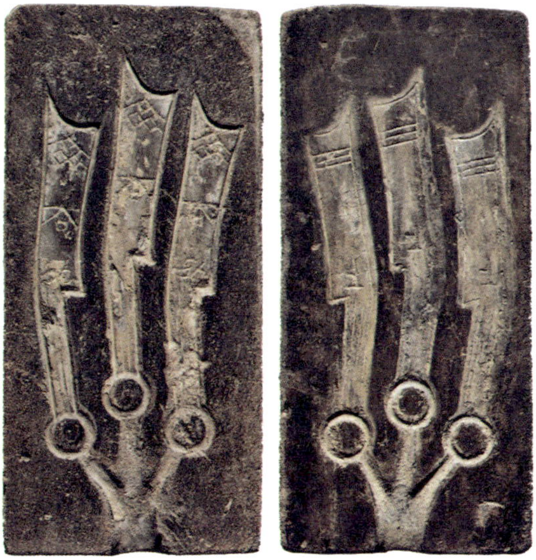

“齐大刀”陶范

为了与隋唐时出现的翻砂法区别开，人们把这种以“模”“范”铸钱的方式称为“范铸法”。早期范铸的材料是石头和黏土，制成的是石范和陶范。尤其是石范具有低成本、不易损毁的特点，故先秦时的铸币大量使用石范。直到汉武帝元狩年间，石范依旧是范铸法的重要工具。

此外，战国时期还出现了更为实用的铜范。铜范小巧、易铸，经过保护性处理后，理论上可以长久使用。但因为先秦时对货币的需求不旺，故铜范未能成为主流。

公元前227年，易水河畔，一人锦衣仗剑，拱手立于车边。送行诸人围于车前，皆披白衣，戴白冠，内有一人击筑，其声呜咽。这行人班首名曰荆轲，只见他怒发冲冠，慷慨悲歌：

风萧萧兮易水寒，壮士一去兮不复还。

探虎穴兮入蛟宫，仰天呼气兮成白虹。

一年后，秦军攻陷燕都蓟城，燕王喜与太子丹逃亡辽东。秦将李信追至衍水，燕王喜为图自保，杀丹献首。四年后，王贲攻克辽东，俘燕王喜，燕国遂灭。

公元前221年，秦攻齐。齐王建开城投降，被弃之共地，不给衣食。可怜堂堂齐君，竟活活饿死于松柏之间。

又过得数年，始皇帝听闻宋子城中有人善击筑，于是传旨召见，原来此人是荆轲昔日好友高渐离。嬴政怜其技艺无双，免死，毁其双目，令其击筑。其声悲怆凄凉，回肠绕曲。一日，高渐离把铅块置于筑中，在始皇帝听得如痴如醉时，突然举筑击秦皇，却事败身死。

至于那齐燕的恩怨，也早随着冰冷刺骨的易水哗哗流尽了。

万钱之祖

平天下易，定货币难。

直到沙丘暴死的那一年，秦始皇才统一了货币。

它形状杂肆，大者如拳，小者如豆；它面文无章，有笔锋夺魂，有稚幼失真。它绝非长寿，向前抱愧传之千年而不绝的贝币，向后难比行用七百余载的汉魏五铢。它亦非粹美，君不见那燕刀齐匕的铮铮铁骨，或是鬼脸铲布的朴拙风韵，更遑论莽币、徽宗钱币出人意表的精妙情态。但它是遮不住的隐隐青山，断不绝的悠悠绿水。它哺育着秦人从栎阳走到咸阳，使秦国由荒服而践帝。其色郁郁，其德嶷嶷，此后日月所照，风雨所至，皆用秦币，万世而不易。它就是方孔钱的鼻祖、泉林顶峰上的皇冠——半两。

半两是圜钱的一种。早期的圜钱形如圆环，到了半两而大变，有了外圆内方的形制。圜钱起源于魏国，兴盛于秦国，与布币、刀币、楚币合为战国的四大货币体系。同后三者一样，圜钱也源于一种生产工具——纺轮。

在远古的纺轮之上，经常可见由中心圆孔向外发散而出的神秘纹饰。它们蔓延而幽深，或似太阳之晕，或似斗转星移，或似河中湍流。这圜形是“玄之又玄”的生命起源，是先民对日月阴阳的顶礼膜拜。它附于纺轮，庇护天下寒士，又传于玉璧，聊以敬天法祖，最终衍化成了货币，蹶张于神州浩土。

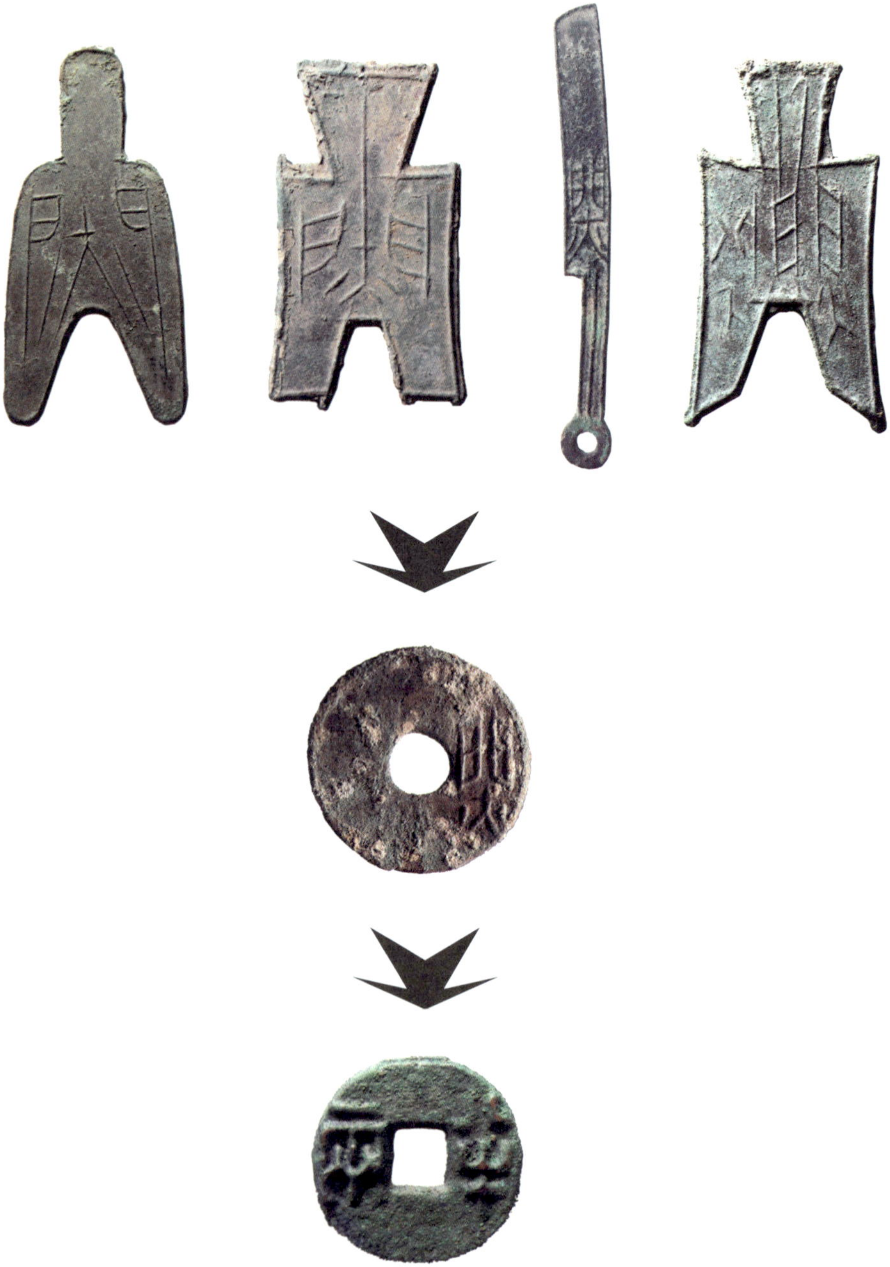

战国货币的演变：以蔺地货币为例

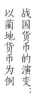

一 魏国圜钱

桼垣一釿

旧读为长垣一釿。桼（漆）垣在今陕西铜川。战国时属于魏国上郡。据《史记·魏世家》，『七年，魏尽入上郡于秦』，故桼垣一釿的铸造时间当在魏襄王七年之前，为早期的魏国圜钱。

半釿

呈半圆形，意为圜钱之半。一说常与桼垣一釿同出。

共少半釿

重为一釿的四分之一，或为半釿的辅币，为魏国『子母相权』币制的印证。

共

共地在今河南辉县，西周建国，春秋属卫，战国归魏，秦时属三川郡。

垣

垣在今山西垣曲县。战国属魏，曰即王垣。出土量为魏国圜钱之最。

济阴

济阴在山西万荣县，战国属魏，后为秦占。一说为秦占济阴时铸。

共屯赤金

意为在共地以红铜铸造的货币，与『共』字圜钱的大小、重量相仿。

封坪

封坪地望有争议，一说为河南封丘。

卫釿

卫，指卫国首都帝丘，在今河南濮阳。前252年，卫怀君前往魏国觐见魏安釐王，被执杀，卫亡。卫国后降为魏国的附庸。前241年，秦占卫地。前209年，卫君角被废为庶人，卫国灭亡。故卫釿的铸造时间当在前241年之前。

二 赵国圜钱

离石

离石在今山西吕梁离石区。

蔺

蔺在今山西柳林。

三 周王畿圜钱

安藏

另有空首布『安藏』，皆为安定库藏之意。

西周

西周公国铸。周考王元年（前440），周天子封其弟揭于河南，是为西周桓公。前256年，秦攻西周国，西周君降。同年，周赧王去世。

东周

东周公国铸（一说君爵）。周显王二年（前367），赵成侯与韩共侯分周为二，东周遂为诸侯，不再是西周公国附庸。前249年，秦灭东周。

四 齐国圜钱

賹化、賹四化、賹六化为（一说『化』为『刀』，燕国圜钱同）战国后期铸。賹，旧释为宝，或为地名。三者中賹化最为珍贵。

賹即『[illegible]』，先秦时的写法有：

五 燕国圜钱

一化（一刀）

燕国圜钱皆为战国末期（一说为前222年）所铸。一化晚于『明化』『明四』钱。少数铅钱有横写或直书『吉』字背文。

明化
一品明化或可兑换一品明刀。

明四
前人曾释『彡』非『四』，乃刀柄纹，以示此钱可兑换四品明刀（明化）。

公元前389年，五万魏军身着重甲，头戴铁胄，腰悬强弩，背荷箭戈，手持利剑，携三日之口粮，日驱百余里，在一个冷飕飕的夜晚赶到河西的阴晋。只见他们擂起战鼓，焚起烈焰，向睡梦中的五十万秦军发起进攻。

高地上的大纛上，西河郡守吴起的姓氏张牙舞爪。吴起在战前曾经颁布铁律：如果车兵不能俘获战车，骑兵不能俘获战马，步兵不能俘获敌兵，此战即使大胜，也依旧无尺寸之功。

更为奇怪的是：这五万魏军都是未建尺寸之功的新卒。对此，吴起曾向魏武侯解释道："譬如千人追凶缉盗，却无一人不怕穷途末路的盗贼反扑。如今有五万如强盗般渴求战功的新卒，区区五十万秦军又何在话下。”

是夜，魏军强弩齐发。森森的冷箭将黑夜穿出了一道道口子，如同阴司鬼官的判笔，可怖地吞噬着生命。秦军猝然而起，惊恐地张望着从四面八方冲来的“罗刹”。

在战场的一隅，一名魏兵腿伤发作，从疾驰的战车上摔下。战前他也曾心生退意，直到主将吴起亲自为他吮脓血，与他同衣同食，他才终于决意死战。他的母亲听闻此事后哭号三日，她想起了自己的丈夫也曾被吴起如此关切，最终战死沙场，不知这一次儿子的白骨又是何人来收了。

他拼折了战戈，被秦军逼至死地，突而曲腿跳踉起来，生生把数十名秦兵喝退，然后不由分说地拔剑冲锋，直直地倾倒在秦军的人海中……

在秦人“彼苍者天，歼我良人”的哀曲里，魏将吴起完成了自己战争生涯的巅峰之作。这场名为“阴晋之战”的屠杀，彻底阻断了秦国东进的步伐。

正当秦国遭此大难，面临亡国之虞时，半两却悄然诞生了。

六 秦国圜钱

一铢重一两十二

（一说为铢重一两十二）

一铢重一两十四

（一说为铢重一两十四）

半睘

意如其文。一说为魏国货币。

长安

与『半两』钱相仿，为秦始皇弟长安君成蟜所铸。

两甾

又名『两锱』，战国中晚期秦国所铸圜钱。一说铸于秦昭王十六年（前291）至秦昭王四十一年（前266），且铸主为穰侯魏冉、泾阳君公子市；铸地在穰城（今河南南阳）。

半两

文信

与『半两』钱相仿，为吕不韦所铸。

半两的始铸时间，可谓是众说纷纭。其中以“秦始皇始铸说”和“秦惠文王始铸说”最为盛行。

“秦始皇始铸说”曾经是学界的共识。1954年，考古人员在四川省巴县和昭化的两处战国墓中发现了半两钱，但囿于根深蒂固的传统观念，这一发现并未受到重视。此后考古人员虽在多地的战国墓葬中发现半两钱，但依旧论者寥寥。直到1979年，在四川省青川县郝家坪的50号战国墓的发掘现场，与“秦昭王元年”纪年木牍相伴出土的，赫然有7枚半两钱！这一无可辩驳的历史铁证，彻底粉碎了流行两千余年的“秦始皇始铸说”。

“秦惠文王始铸说”源于《史记》中的记载：“（秦惠王二年）初行钱。”然而本说亦有疏漏，秦惠文王二年的“初行钱”，确实使半两成为秦国的国币，是秦国中央政府铸造半两之嚆矢。但是在成为秦国国币之前，半两或许已经以私铸的形式开始铸造了。

却说阴晋之战后，魏赵交恶，无暇西顾，秦国得以喘息。在秦献公与秦孝公的带领下，秦国走上了师法魏国、变法图强之路。

秦献公的新政与秦孝公时期的商鞅变法可谓意出同源，其实都是在效仿魏国的李悝变法：李悝废除世卿世禄，秦献公冷落公族，商鞅在废除世卿世禄之余，还鼓励宗室建立军功；李悝废除井田，秦献公继续推行初租禾，商鞅则废井田、开阡陌，重农抑商、奖励耕织；李悝实行法治，颁布《法经》，秦献公户籍相伍，实行连坐，商鞅定秦律，燔诗书而明法令；李悝改革军事，训练“武卒”，秦献公废除人殉，增加兵员，商鞅通过军功爵制，建立起大秦铁军。

一个鲜为人知的细节是：秦献公七年，秦国“初行为市”。彼时秦国开市兴商，老旧的贸易体系受

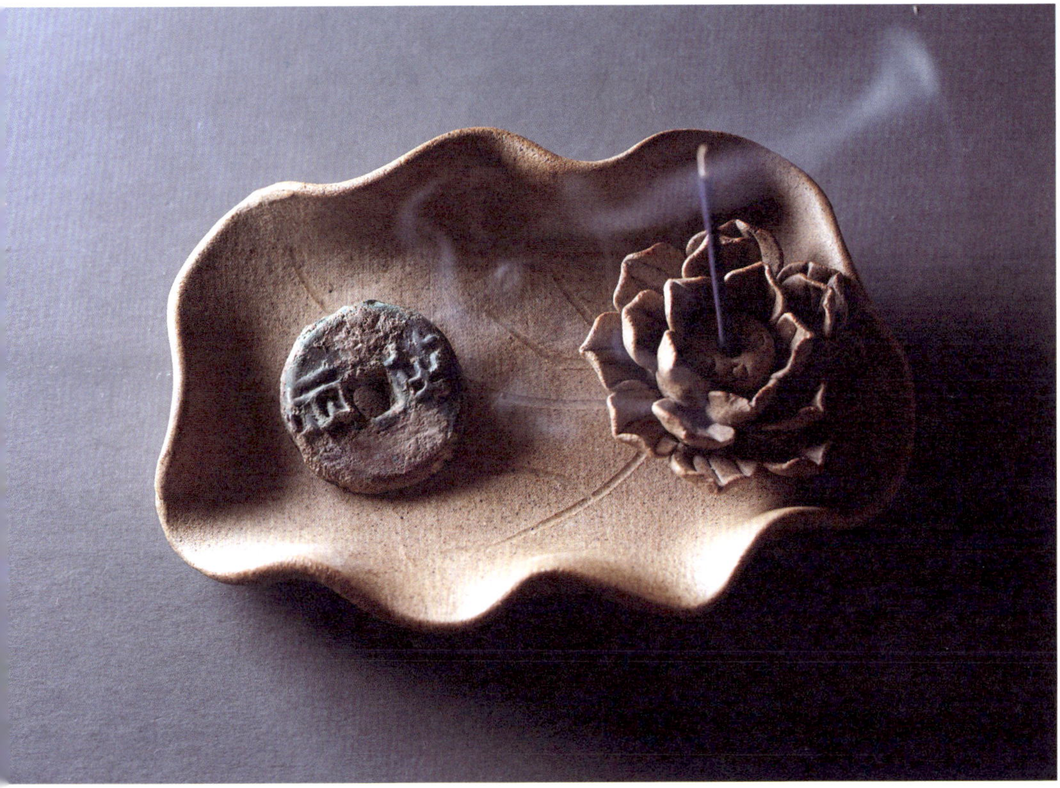

到冲击。流亡魏国近三十年的秦献公，理所当然地开始效法魏国，铸造秦国圜钱。

商鞅变法后，秦国从偏安西隅的蛮夷之国一跃成为逐鹿天下的虎狼之国。秦都咸阳也成了比肩临淄的商业中心，半两、两甾和半睘等圜钱开始流行。秦惠文王二年，秦廷废除锱睘，以“外圆内方”的半两为国币。半两正式成为秦国的法定货币。

《吕氏春秋》说：“天道圜，地道方，圣王法之，所以立上下。”所谓混沌初开，乾坤始奠，气之轻清上升者为天，气之重浊下凝者为地。天上的日月五星周而复始地转动，地上的山峦河岳则经世不变，所以有风雨兴焉，所以能泽被苍生。“外圆内方”所阐释的秩序伦理不仅是王道，更是天道！

这是猋起云合的大争之世，是侧榻难息的无礼之时。历代秦君以法为尊，以诈张势，奋之爪牙，禽猎六国：破韩于伊阙，屠赵于长平，败魏于河西，诛楚于鄢郢，惊燕于易水，弱齐于济西。六国方生方死，捱运度日，皆身诛戮于前，而国灭于后矣。

那秦皇破除七国之畛域，联华夏为一体，抟为大群，以与匈奴、百越一决雌雄，人誉之为“千古一帝”；那半两与贝币、布币、刀币、圜钱、楚币“度长絜大”、“比拳量力”，以有两千年绳绳相续之方孔钱币，我赞之为“万钱之祖”。而秦国振起天声、廓清玉宇的内在逻辑，不正与半两凭借己身之重量、大小、携带方式、铸造方式同其他先秦货币生存竞争，从而优胜劣败之道理同出一揆吗？

秦始皇三十七年，嬴政开始了自己人生中的最后一次出巡。当驷驾路过东郡时，他突感身体不适，看着月明星稀的寡凉夜空，想起了去年此地天降陨石，荧惑守心。他自知时日无多，传召李斯交代后事：

“相国啊，你说我大秦果真能传之万世么？”

李斯默不应对。

嬴政眼中泛出沉郁的底色，嗟叹道：“朕等不了许久了，这几天就颁布法令，统一六国货币为半两吧。面文就由丞相你亲自题写，铸料先用寡妇清的铜矿，实在不行……就把咸阳城里的十二金人也熔了。”

李斯不敢仰视，伏地涕泗：“陛下万年啊！”

秦始皇苦笑着：“就靠这小玩意长生罢。”

……

秦始皇三十七年“复行钱”，这是中国历史上第一次统一货币，从此天下皆用方孔钱，至清末而不绝。[1]

十几年后，半两钱刚刚流传于大秦帝国的各个角落，刘邦和项羽却已经进入了咸阳。

---

1 关于秦始皇统一货币的形式与时间，只有《史记 · 六国年表》中有一处记载：“（秦始皇三十七年）十月，帝之会稽、琅邪，还至沙丘崩。子胡亥立，为二世皇帝。杀蒙恬。道九原入。复行钱。”若与秦惠文王二年“初行钱”对比，本次“复行钱”有可能是秦始皇废除六国货币、统一半两的记载。亦有人认为“复行钱”是秦始皇三十七年，秦二世即位后铸造减重半两的记载。

表一 战国半两分类图释

类型	钱径	重量	铸范	钱文特点	时间
长字型	*30—33mm*	*5—8g*	分流直铸式范	长字	战国中晚期
小字型	*29—32mm*	*3—5g*	分流直铸式范	字小而缩	战国中晚期
放逸型	*28—34mm*	*5—20g*	分流直铸式范、单模范	气韵生动，笔画放逸	战国中晚期
横向莋口型	*28—33mm*	*4—7g*	类似中流散铸式	方正宽阔，隶意内蕴	战国晚期
合范型	*30—33mm*	*8—20g*	合范		不详
	22—24mm	*3—5g*			
周正大样型	*34—37mm*	*5—15g*	不详	方正宽阔，隶意内蕴	战国晚期至秦
中小型	*22—24mm*	*2—4g*	中型多分流直铸式		

注：由于半两钱铸造的特殊性，其钱文千变万化，版式错综复杂。为了便于整理出风格近似的“版式”，今特以简御繁，将战国半两分为此七大类。其实长字型也有10克出头的，放逸型也有20余克的，横向莋口型也有过10克的，种种特例，难以尽数。姑且以普遍值为准，以俟参详。

长字型

长字向小字过渡型

小字型

放逸型

合范型

横向茬口型

周正大样型

中小型

表二 秦半两列举

种类	特点
大样小篆型	大样钱径多在 30mm 以上，重量为 6—8g。大样小篆型钱径多在 30—32mm，重量 7—9g，合乎“径寸二分，重十二铢”的标准
中样鱼池村式	与临潼鱼池村秦代遗址出土的秦半两特点类似的秦代半两，钱径约 27—29mm，重约 5—6g，有一个铸口茬
中样秦隶体	钱文形态扁宽，有隶书风格。钱径 28mm 左右，重约 5g，有一个铸口茬
中样三桥范式	与西安三桥出土的秦代铜子范模特点类似的秦代半两，钱径约 27mm，穿径约 8mm，有一铸口茬，多居下
小样	钱径在 25mm 以下，轻者不足 2g，重者多达 6g，几乎合乎“半两”之重，重者常见于小样厚肉

大样小篆型

中样鱼池村式

中样秦隶体

中样三桥范式

小样

表三 青川七钱

青川七钱，是四川省青川县郝家坪古战国墓葬群M50中与纪年木牍共出的七枚半两钱，也是目前唯一具有准确年代下限的战国秦墓葬所出的半两钱。

据蒋若是先生的考证，此七枚半两钱“与秦武王四年十二月木牍同出，其墓葬时间可能是秦昭王元年”。故可知，此七枚半两的铸造时间下限为秦昭王元年。

编号	钱径	孔径	肉厚	重量
1	32mm	8mm	1.1mm	4.3g
2	32mm	背9.5 mm，面7.4mm	1.9mm	9.8g
3	31.7mm	7.8mm	1.1mm	6.7g
4	31.7mm	0.83mm	1.1mm	5.6g
5	27mm	7.7mm	0.6mm	2g
6	32.1mm	8.6mm	0.8mm	4.5g
7	31.4mm	8.6mm	0.9mm	3.9g

注：《四川省青川县郝家坪战国墓群M50发掘简报》的第七枚钱有误。本书的第七枚钱取自蒋若是先生的《秦汉钱币研究》一书。

1

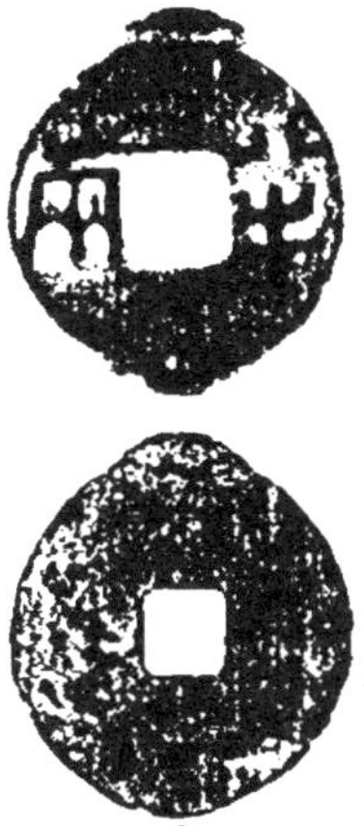

2

3

4

5

6

7

私铸乱政

半两

谪居长沙的第二年，贾谊彻底惹恼了汉文帝。

当初他去长沙赴任，过湘江而自伤，写下《吊屈原赋》一文。那时他鹰隼折翼，朝日蒙尘。争奈书生之意气，道尽肺腑之悒郁。是所雄文，为人传抄，并刻之天下。

未央殿里的汉文帝，却是五味杂陈的。遥想他即位之初，便将刚过加冠之年的贾谊召为博士，不久又超迁为太中大夫。满朝冠盖，举国斯文，一时无出其右者。

贾谊深耻于倚靠诗赋、术数优游庙堂，做些教授、课试的闲差，直把腹内的金玉都用在了议政上，倒也颇有些安邦良策。倘若是议论“诏令”和“典例”，那便是一如《论积贮疏》《过秦论》般的鸿篇巨制，定是诸老咸服，独占风流的。可偏偏奏折所呈，都关乎“改正朔”“易服色”“定官名”“兴礼乐”等国家大政。说来贾谊不过一洛阳少年，却欲一朝之间，尽废成例而行其新策。如此，将把元功勋旧置于何地？

彼时三公发难，诸侯构陷，其谤曰：“洛阳之人年少初学，专欲擅权，纷乱诸事。”想那后少帝刘弘，生死全在太尉周勃、丞相陈平之股掌，可怜四载天子，一朝命断。而后周勃亲握天子玺授之文帝，灌婴举兵数十万众，以决刘、吕之雌雄。文帝藩王入嗣，毕竟势单，只能暂且将贾谊贬去长沙，再图打算。

只是此次汉文帝保护性的外派，不但没能得到贾谊的感恩戴德，反而换来天下人竞相传抄的《吊屈原赋》中满溢的牢骚。

“你是屈原，朕是楚怀王不成？”汉文帝意难自平。

那贾谊身在江湖与庙堂间辗转，如江行舟楫，自是波澜开阖，一波未平，一波乍作。短短一年，他便以在长沙的见闻写成《谏铸钱疏》，直呈九重天子。疏中所述，不仅深入揭橥了朝廷开放货币铸权的弊端，更是将矛头直指汉文帝的禁脔——邓通。

邓通者，蜀郡南安人也。其发迹源于汉文帝对鬼神之说的笃信。当初周勃、灌婴铲除诸吕，恢复刘氏江山后，逡巡再三，决定迎立时任代王的汉文帝刘恒即位。长年生存在吕后阴影下的刘恒不知此行是吉是凶，只得寄命于卜筮，在得到大吉的结果后，才安心赴京继位。

等到天下承平，文帝梦到自己攀登上天，无奈身重力乏，如何都行动不得。正当此时，他身后突然出现了一个头戴黄帽、衣带反穿的船夫，在其奋力扶将之下，文帝终于身登九天。

梦醒后，文帝前往渐台，一眼望见如梦中装束的黄帽船夫，便询问他的名字。得知其姓“邓”名“通”后，文帝大喜道：“邓尤登也。”如此这般，邓通日后畅达之官途，自不在话下。

汉文帝曾经让国师许负为邓通相面。许负端详后，说道：“此人会穷困而死。”文帝大惊，下令将蜀严道的铜山赐予邓通，并准许他“即山铸钱”。邓通感念之下，铸造了一大批精良的半两钱，号曰“邓通半两”。从此上至公卿，下至走卒，无不以邓通钱为上品。一时“邓氏钱，布天下”。

殊为可笑的是邓通惨淡的落幕。汉文帝去世前，身体生出了许多病痈，邓通亲为吸痈。文帝询问邓通：“天下谁最爱我？”邓通答道：“宜莫如太子。”等到太子入殿问病时，文帝让其吸痈。太子面露难色，良久才小嘬一口。后来他得知邓通殷勤胜己，惭愧之余，怨恨已生。待其即位后，即惩治邓通。一代佞臣卒竟无一钱之名，寄死人家。

除了汉文帝的宠信外，为邓通大开方便之门的还有汉初准许民间私铸货币的国策。

汉高祖刘邦出身布衣，颇厌儒生。大儒陆贾觐见刘邦时

黄头郎君忽有钱，王侯公卿皆比肩。
尔钱来何路，乃敢凌豪贤。
古无不崩之铜山，
日中有钱人所羡，日夕饿死人谁怜。

多引儒家经典。刘邦大怒道："马上得天下，要诗书何用？"陆贾反讥："马上得天下，岂能马上治天下？"

当时秦亡不远，殷鉴在前。秦始皇焚书坑儒，以愚天下之民；赵高指鹿为马，以塞忠谏之路。暴政之下，世道丧乱，人心背离。刘邦深谙此理，面露惭色，向陆贾请教治国之道。

陆贾言必见血："事愈烦而天下愈乱，法愈滋而奸愈炽，兵马愈设而敌人愈多！"

刘邦接受陆贾的建议，采取了"休养生息"的国策。这种"与民休息"的为政之道，至汉文帝、汉景帝时被发扬光大，史称"文景之治"。然而在经济领域，刘邦也当起了甩手掌柜，甚至连铸币权都下放到了民间。

关于刘邦时期的铸币情况，有一段公案为佐。《史记·平准书》记载："秦钱重难用，更令民铸钱。"《汉书·食货志》几乎原文录入："秦钱重难用，更令民铸'荚'钱。"独多"荚"之一字，却有径庭之别。

"荚钱"，又称"榆荚半两"，即指半两的大小如同榆树的种子——榆钱，极言钱币之薄小。《史记》中也有关于“荚钱”的记载，但与《汉书》不同的是，《史记》关于“荚钱”的记载不是在西汉初年的刘邦时期，而是在半个世纪后的汉文帝时期：“至孝文时，荚钱益多。”《史记》和《汉书》记载的出入，致使后世对“荚钱”的理解出现了淆乱，甚至连唐代史学家杜佑也不明就里，在《通典》中将南北朝时期的“汉兴钱”误认为是汉初的“荚钱”。宋人郑樵在《通志》中又沿袭《通典》的说法，一讹再讹。在经历了将近两千年的认知困厄后，清人倚仗其考据之能，才大体厘清了“荚钱”之前后沿革。

清人蔡云如是说：“荚钱如榆荚耳，民间嫌其薄小而呼之，绝非本名。《平准书》不于初铸时著‘荚’字，而著之孝文时，可见行之久，而后称是也。”其实蔡云的论述也有疏漏，根据考古发掘，汉代的半两有两个极为轻薄的时期。第一次是刘邦时期的半两，此类半两多不足两克，钱形不圆，穿孔不方，文字风格颇有秦钱之韵味。第二次是高后六年之后（即汉文帝执政初期）铸造的半两，此类半两多不足一克，钱形或小如豆，或窄如环，字体细如发丝，然文字多周正有法，有隶意。比较之下，当知所谓“荚钱”应是汉文帝执政初年的货币，而刘邦铸造的薄小半两，其重量虽不如秦钱，也不如文景时期的“四铢半两”，却远重于“荚钱”，故称之为“汉初小半两”，或者“刘邦半两”，更为妥帖。

刘邦放开铸权，准许民间铸造货币，也是迫于当时低颓的经济形势。秦半两法重十二铢，一枚秦半两可购粟一斤余，购布半尺余，币值很高。然而汉初刚刚经历过惨烈的楚汉之争，百业待兴，若以秦之半两为基础货币，则小的物品无法交易，财货难以通畅，所以熔毁大钱，铸为小钱，亦有其合理之处。

然而刘邦允许民间私铸，虽然省去了朝廷铸造货币的麻烦，也确实令凋敝的经济渐有起色，但是它造成的货币轻劣、百姓犯禁、农事废弃和诸侯坐大，也是汉朝深入腠理的顽疾。

公元前186年，即汉高后吕雉临朝称制第二年，西汉的第二次货币改革正式拉开了大幕。吕后几乎全盘推翻了刘邦的货币政策，不仅禁止民间私铸，严惩盗铸，还一改汉初半两“轻质化”的趋势，重新颁行重钱——八铢半两。彼时国家经济依旧困窘，市场上对易于兑换的轻钱有着强烈的需求，是故重钱难行。不到四年时间，逆市而出的“八铢半两”，当初是如何明火执仗地颁行天下，如今就又如何灰头土脸地被仓皇废除了。

吕后亦何尝不明白“八铢半两”的不合时宜，奈何权欲熏天，皇权诱人。铸造象征自己权威的新型货币，或可动摇刘氏的无上地位，区区有损工商末业的小伎，纵是一意行之，便又如何。

高后六年，废“八铢半两”，行“五分钱”。学界对于“五分钱”有诸多争论，但多认为重量介于“汉初小半两”与“四铢半两”之间的广穿半两就是“五分钱”。此外，从高后六年至汉文帝五年，还出现了一种薄似榆钱的薄小半两，即前文所述的“荚钱”。其实“五分钱”也好，“荚钱”也好，都是刘邦轻质化货币的借尸还魂，其不仅体现了刘氏皇族和吕氏外戚的政治角力，也从侧面反映了民间贸易的日益活跃。

汉文帝五年，下令铸造“四铢半两”。此种半两重如其文，且方圆得宜，薄厚均匀，是半两钱最为成熟的形态。后来“四铢半两”又被汉景帝全盘沿袭，故后人又将其称为“文景四铢半两”。

与“四铢半两”相伴而生的，是汉文帝再一次的放开铸权，允许私铸。此政策甫一出台，便引起了轩然大波，朝野之人，纷纷劝谏。远在长沙的贾谊，亦上《谏铸钱疏》一折。他将私铸的危害总结为三点：其一，“法禁数溃”，将铸造权交于民间，诱导民众铤而走险，铸造大量以巧法掺假的钱币，无视法律威严。其二，“钱文大乱”，郡县不同，铸法不同，钱币难以规范，劣币驱逐良币，以致市肆混乱。其三，“农事弃捐”，天下生民，不事农桑，纷纷投身于将正常半两私铸成数个薄小半两的取巧之事中，舍本逐末，国本动摇。

汉文帝不顾群臣反对，执意令民私铸。此举除了对诸侯权贵的笼络外，更为重要的是废除吕后的禁止私铸的法令，恢复汉高祖的允许私铸的旧制，这符合儒家的“正名”思想，是一种典型的经济向政治的妥协。然而汉文帝此举，不仅助长了邓通这种攀附小人的气焰，更几乎酿成亡国之祸。

《史记·平准书》有载：“吴、邓氏钱布天下。”原来除了大夫邓通外，汉文帝的放铸政策还造就了一位富逾天子的诸侯——吴王。

吴王刘濞，刘邦兄长之子，汉朝立国后，先被封为沛侯，不久又进封为吴王。刘濞携吴地之威，铸钱、煮盐以为军费，用侠任奸以为战力，坐断东南三十余年，势与天子分庭抗礼。

汉景帝年幼时，曾经与吴国太子对弈，一招棋差，遭其嘲弄。景帝盛怒之下，手着棋盘，将吴国太子生生砸毙。刘濞痛失独子，二十年不朝天子。文帝宽忍，依旧优抚之。汉景帝即位后，采用晁错削藩之谋，向天下诸侯开刀。吴王趁机发难，串通楚、赵、济南、淄川、胶西、胶东六王，以“诛晁错、清君侧”为由造反，史称“七国之乱”。

关于诸侯为乱一事，贾谊早在二十年前就已在《治安策》中说得分明：“臣窃惟事势，可为痛哭者一，可为流涕者二，可为长太息者六，若其它背理而伤道者，难遍以疏举。”其中最为紧迫的“痛哭之事”就是诸侯王们日益膨胀的野心。他愤慨道：“数年之后，诸侯之王大抵皆冠，血气方刚……此时而欲为治安，虽尧、舜不治。”贾谊甚至准确地预判出先反的定是吴王：“臣窃迹前事，大抵强者先反。”可惜文帝怀仁，未用其策。

等到景帝即位后，贾谊之言犹在耳畔，祸乱却已经接踵而至了。

七国之乱爆发后，匈奴趁机劫掠北方。面对此内外交困之局，汉景帝弃车保帅，将晁错腰斩于市，希望借此息事宁人。没料想刘濞反自立为东帝，“甚嚣且尘上矣”。景帝计穷之下，起用周亚夫，决意死战。周太尉不愧周勃亲子，大军甫出，七国之军便瓦解冰泮。那刘濞方逞其能，顷刻便身死东越，传首长安了。

祸乱平定后，汉景帝挟胜之威，下令禁止私铸，只准许中央和郡国铸币。汉廷继吕后之后，再一次控制了铸币权。此时的半两钱已是末路余晖，它坎坷地走完了景帝朝，踉跄地跌进了汉武帝的时代。

贾谊如若能看到汉武帝君臣大获全胜的削藩之役，以及为了管控铸权，前后六次、长达数十年的货币改革，或许可以平复他在《吊屈原赋》中的愤懑“嗟苦先生，独离此咎兮”。

贾谊谪居长沙的第三年，有一只鹏鸟飞入了他的居舍。按照汉俗，此鸟为不祥之物。再与自己身有高世之才，却受遗俗之累、难以见用的飘零相类，贾谊心大不豫，于是作文排遣。那赋名曰《鹏鸟》，文中大抵是“齐生死”“等祸福”的老庄之思。至于“命不可说兮，孰知其极”等语，无不透出尘网契阔、君子命蹇的自我解脱。

数年之后，汉文帝久不见贾谊，便召其回京。只是《吊屈原赋》与《谏铸钱疏》二篇，先犯天威，再犯宠臣，文帝怒岂能抑。迎接贾谊满腹国策和一腔热忱的，是未央宫宣室殿内阴森摇曳的烛火。在那个召见贾谊的深夜，汉文帝打断了他滔滔不绝的激昂陈词，幽幽地说道："这些国家大事你就别操心了，朕此番是想问你一些鬼神图谶的事……"

又几年，贾谊辅佐的文帝幼子按例入朝，后不幸坠马而死。贾谊伤心无状，常哭泣，不久亦死矣，年仅三十三岁。

表四 汉半两分类图释

分类	型	特点
刘邦半两	秦钱版	具有秦钱风格，钱行多不圆，穿口亦多不方
	汉钱版	具有汉钱风格，为高后五分钱之雏形
	广穿	穿口阔大，笔画陋劣
	细流	中流散铸式，口茬细窄
高后八铢	大样	肉薄，尤以三茬口为多，钱径约 30mm，重约 4.5g
	小样	肉薄，钱径约 27mm，重约 3.3g
高后五分钱	正样	广穿，文字规整，较轻
	蛇目	缘穿内凹，犹如蛇目
荚钱	无郭	无郭，似五分钱
	有郭	有郭，其余与无郭荚钱同
	窄肉	钱肉细窄
文景四铢半两	双人两式	两字为“双人”
	连山两式	两字为“连山”
	十字两式	两字为“十”
	有郭	外缘有郭，少数有穿郭
	蛇目	缘穿内凹，犹如蛇目
	星文	钱面有圆点
	决文	穿孔有角状符号
	纪数	钱面有铸造或阴刻的数字
	字符	钱面有字符，多为甲、富、治、安、丁、工等
	异文	钱文写法与常规有异
	缺笔	钱文缺笔
	凸块	钱面、钱背有凸起（一说为邓通半两）
武帝半两	有郭	有郭，但比文景四铢肉薄
	无郭	钱文呆板，直径较小
	纪数、文	钱面有数字、文字
取鎔	磨边	挫、磨钱边
	磨背	挫、磨钱背
	剪凿	剪切钱体
异质	铁半两	铁质
	铅半两	铅质
非流通（非正用）	权钱	形体巨大、规整
	吉语压胜	钱面上有吉语、压胜语
	瘗钱	殉葬小钱

刘邦半两

秦钱版

细流

汉钱版

广穿

高后八铢

大样

小样

高后五分钱

正样

蛇目

荚钱

无郭

有郭

窄肉

文景四铢半两

双人两式

连山两式

十字两式

有郭

蛇目

星文

决文

纪数

字符

异文

缺笔

凸块

武帝半两

有郭

无郭

纪数、文

取鋊

磨边

磨背

剪凿

异质

铁半两

铅半两

非流通（非正用）

权钱

吉语、压胜

瘗钱

钱币浇注的不同方式

直流直铸

分流直铸

直流分铸

分流分铸

中流散铸（卧式叠铸）

汉武改币

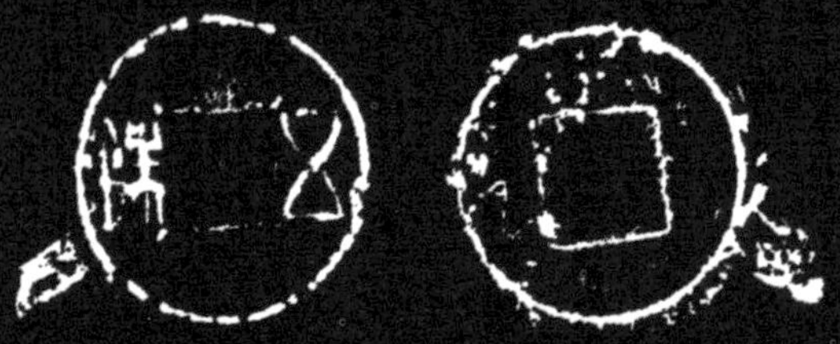

盐铁会议将要结束时，大司马霍光还是没有出现。

丞相田千秋和御史大夫桑弘羊寒暄了几句，就偷空离开了。偌大的未央宫内，只留下桑弘羊和几个年轻的属官，以及与之相抗的，六十余位气势汹汹的“贤良文学”。

在霍光首肯下，由杜延年发起的这次针对“民所疾苦”“教化之要”和“前朝得失”的会议，汇聚了朝廷重臣和从天下郡国择选出的“贤良文学”。这本是一次庙堂与江湖共商国是的盛举，只是不知从何时起，却吊诡地变成了批判大会。甚或只要是武帝朝征和四年（前 89）之前的国策，就会受到“贤良文学”的无情的诘难。其意气之盛，面目之憎，像是要把旧政啖进口里，囫囵吞掉般。

一旁的属官也有不忿的，他们有的位在中朝，有的岁食千石，无谁不受汉武帝的拔擢之恩。臣心如水，如今主辱臣怒，他们少不了吹吹胡子，瞪瞪珠子。

可这些由郡国推选出来的士庶，如茂陵唐生、鲁国万生、汝南朱子伯、中山国刘子雍之流，多是久经辩场的鸿儒，虽不敢和朝廷命官卵石相较，但气骨总还是有的。于是他们每每鼓噪后，都不忘拿出汉武帝的《轮台罪己诏》来：

“朕即位以来，所为狂悖，使天下愁苦，不可追悔。”

属官们缄口了。除了对先帝罪已诏的哑口无言外，他们还敏锐地发现：贤良文学所针对的“盐铁”“均输”“平准”“算缗”“告缗”“统一货币”等事，全系御史大夫桑弘羊在前朝推行的举措。原来千夫所指的，不是民生之凋敝，而是政治之仇敌。

这本也不是一场稷下辩，而是那霍光设下的鸿门宴。

一杯苦酒，饮之不悦，不饮思渴。汉宣帝的诸位辅臣里，唯有桑弘羊久居要津，最通国策。士庶在左，朝臣在右。他避不得，亦怒不得，只能缓缓坐定，调整鼻息，等待贤良文学新一轮的发难。

少顷，汝南儒生说道：“大夫容秉，今日专说货币。高祖立国以来，铸权在地方，财货通畅。张汤自戕后，大夫署理经济事宜，收归铸权于中央。如此兴废无常，致使百姓士族竞相逐利，风俗灭息。”

寥寥数语，字字切要。他先是以刘邦为幌子，引出对桑弘羊变更祖制的质疑，稳据道德高地，然后将其和酷吏张汤类比，无视两者铸币思路的迥异，大而化之地将改革和改革者视为洪水猛兽。

桑弘羊只觉得舌敝唇焦，似饮火一般。在数个月的强辩中，贤良文学把他推行的经济政策贬得一文不值。朝廷同侪却一个个做出事不关己的样子，或是如丞相田千秋一样和稀泥，或是索性和霍光一样连面都不露。今日贤良文学对收回铸权、铸造五铢一事大肆抵牾，这让桑弘羊不由得回忆起汉武帝币制改革的始末来……

汉武帝一朝，先后进行了六次货币改革。

第一次是在汉武帝即位第一年，即建元元年（前140）。时值文景之治后，彼时“京师之钱累巨万，贯朽而不可校；太仓之谷陈陈相因，充溢露积于外，至腐败不可食”。面对如此国富民殷的局面，汉武帝意气勃发，锐意图治，连颁两道影响深远的诏令：先是令郡国举荐贤良、方正、直言极谏之士。广川郡人董仲舒三答策问，提出天人感应、罢黜百家、独尊儒术，儒学之尊隆由此肇始。

再就是停铸半两，改铸三铢钱[1]。

三铢

秦汉时期一两合今约为十六克，所谓半两即八克重。然而秦国半两钱较为粗犷，大小、轻重不均，重者达二十余克，轻者仅为六克，与面文标注的“半两”相去甚远。汉初的币重更为混乱：重者有吕后时期的八铢半两（十二铢为一两），轻者有汉文帝时期的榆荚钱，钱币的重量与面文已无关联。

币重与面文的脱离，势必导致不法者磨钱取鋊（音同“欲”，即铜屑）。《汉书》记载：“盗铸如云而起，弃市之罪不足以禁矣！”如此情形下，汉武帝下诏铸造重量与面文（名义价值与实际价值）一致的三铢钱。

但是颁布三铢钱时，汉廷并未禁止四铢半两的流通。两者比较之下，百姓大多选择重量更足的四铢半两，三铢渐被弃用。不到四年时间，汉武帝的第一次货币改革便以失败告终了。

建元五年（前136），罢三铢钱，行半两钱。武帝半两略轻于文景四铢半两。除此之外，其典型

1 关于三铢的铸造时间，学界有争议，有建元元年说、元狩四年说、元狩五年说、元狩六年说等。囿于篇幅，在此不赘述。

区别还有二，一是武帝半两多减笔，体现在“两”字上尤为明显，“两”内的“从”字简化为“十”字，甚至直接变成“丨”；二是为了防止民间磨钱取鋊，武帝半两的边缘多铸有一圈突起的外郭，磨钱时必须先损外郭，这样就能有效地减少盗铸。

元光二年（前133），军臣单于率领十万匈奴骑兵越过长城，直扑马邑。时值盛夏，水草丰茂，牛羊漫山，却渺无人烟。久居大漠的军臣单于敏锐地嗅出了空气中的杀气。

他亲自审讯刚抓住的哨所小吏。威逼利诱之下，小吏将马邑奇谋和盘托出：三十余万汉兵早已埋伏在马邑周围，只待瓮中捉鳖。军臣单于不禁直冒冷汗，急令撤军。

“马邑之围”是一次失败的军事行动，但是它彻底改变了汉匈战争的形态。汉武帝终于明白，与其被动地固守长城，岁岁受辱和亲，不如主动出击，歼敌于国门之外。

自元光六年（前129）起，汉武帝数次派遣卫青、霍去病北击匈奴。君不见卫霍原是侯家奴，却使单于稽首，名王面缚。汉军收复河套，夺取陇西，将刘汉王朝祖辈迭传的高姓，挥洒在旗纛上，并肆意地将之插在草原的各个角落。漠北到处都是匈奴人的悲歌：“失我祁连山，使我六畜不蕃息；失我焉支山，使我嫁妇无颜色。”

元狩四年（前119），汉武帝决意发兵扫平漠北，然而连年征伐早已把文景时积蓄的钱谷消耗殆尽。朝廷亏空，黎民重困，此时若想筹措军费，只有向封君、富商开刀。于是在张汤和桑弘羊等人的建议之下，汉武帝颁行皮币与白金三品，开始了第三次货币改革。

白金三品

天地英雄气，千秋尚凛然。势分三足鼎，业复五铢钱。

所谓皮币，就是禁苑里面的白鹿皮，一尺见方，边缘绘以彩纹。令人咋舌的是，一块皮币可兑换四十万枚武帝半两，且朝廷规定王侯、宗室朝觐和聘享时必须使用皮币。白金三品，由银锡合金铸成，可分为值三千钱的圆形龙币、值五百钱的方形马币以及值三百钱的椭形龟币。张汤酷敛之能，由此可窥之。

皮币与白金三品都是虚值货币，在战时卓有奇效，一旦战争结束，却非良药。

漠北之战，卫青千里奔袭，犁廷扫穴；霍去病封狼居胥，登临瀚海。眼看外患渐息，汉武帝趁热打铁，接连进行了三次货币改革，最终确立了五铢。

元狩五年（前 118），汉武帝颁行了“重如其文”的货币——郡国五铢，这是五铢钱制的肇始，亦是货币史上重彩的篇章。郡国五铢，面文为“五铢”，由于郡国与中央共铸，故得名。郡国五铢吸收了三铢与武帝半两的优点：“重如其文”且内、外、正、反有郭。但是，由于中央政府对郡国的控制力有限，郡国五铢规格无法统一，不久便废。

郡国五铢（毛边，面四决）

元鼎二年（前115），汉武帝进行了第五次货币改革。此次颁行的钱币名曰“赤仄五铢”，一说因轮郭有赤色而得名。同年，张汤自戕。货币改革的重担，彻底被交与桑弘羊。

赤仄五铢由中央政府的“钟官”铸造，是中央统一铸权的开始。赤仄五铢是虚值货币。汉武帝下令，每一枚赤仄五铢可兑换五枚郡国五铢，并规定缴纳赋税时必须使用赤仄五铢，如此中央便能巧妙地回收郡国五铢，减少日后制造“三官五铢”的压力。

赤仄五铢

本种五铢，铸造机构为钟官，有模范为凭。穿郭精修，且文字风格与背郭不似于郡国四决和武帝三官，故疑为赤仄五铢。根据张汤墓和刘胜墓后室的五铢情况，还有数种非四决的五铢也可能是赤仄五铢，待考。

大汉以武立国，功勋卓著者，莫过于卫青、霍去病。然而深居庙堂之内、支撑国家财政运转近四十年的桑弘羊，却鲜人问津。这位在十三岁时凭借“擅长心算”入赀为侍中，历任大农丞、大农令、大司农的理算能臣，对数百年的沉疴发动了总攻。

元鼎四年（前 113），在桑弘羊的建议下，武帝下诏禁止郡国铸钱，把用赤仄五铢回收的郡国五铢，统一送交给上林苑的水衡都尉，再由水衡之下职司铸钱的“钟官”、职司刻范的“技巧”、职司原料的“辨铜”三署铸造成五铢，史称“三官五铢”。

本次货币改革不仅实现了铜料国有和铸权国有，还基本解决了汉初以来的盗铸问题，使五铢钱成为最稳定的方孔钱币，行用七百余年，至唐才废。

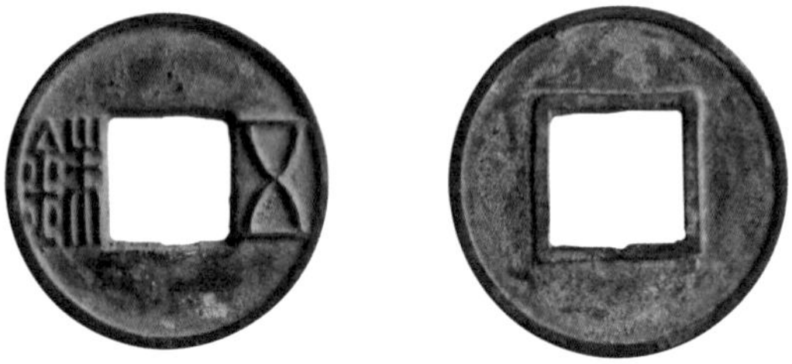

三官五铢

三官五铢流通天下三十余年后，汉武帝遗诏托孤。本已失宠的桑弘羊，赫然在辅政大臣之列，与霍光、田千秋、金日磾和上官桀一同辅佐年幼的汉昭帝。

桑弘羊明白，武帝此番托孤，实是不想人亡政息，让辛苦颁行数十载的经济政策一朝尽废。

他于无可如何之境地，抱得未曾有之孤愤。世事纷赜多变，人情众声喧哗。此际他拖着老迈的身子，与六十余位气焰喧天的“贤良文学”争破脸皮。料他孤身之下，唯有赤胆而已。

盐铁会议两年后，霍光下令族灭桑弘羊。然而除了酒榷外，桑弘羊制定的其他经济政策都照行不废。

表五 两汉五铢图释

<table>
<tr><th>年代</th><th>种类</th><th>型</th><th>备注</th></tr>
<tr><td rowspan="10">武帝</td><td rowspan="6">郡国五铢</td><td>无记号</td><td rowspan="6">多拙厚，内史郡国和后期郡国相对精美</td></tr>
<tr><td>横文</td></tr>
<tr><td>月文（半星）</td></tr>
<tr><td>三角（反月）</td></tr>
<tr><td>星文</td></tr>
<tr><td>决文</td></tr>
<tr><td>赤仄五铢</td><td>四角决文</td><td>钟官铸造</td></tr>
<tr><td rowspan="16">三官五铢</td><td>无记号</td><td rowspan="15">工艺成熟，面文、穿郭规整</td></tr>
<tr><td>穿上横</td></tr>
<tr><td>穿下星</td></tr>
<tr><td rowspan="3">昭帝</td><td>无记号</td></tr>
<tr><td>穿上横</td></tr>
<tr><td>穿下星</td></tr>
<tr><td rowspan="3">宣帝</td><td>无记号</td></tr>
<tr><td>穿上横</td></tr>
<tr><td>穿下星</td></tr>
<tr><td rowspan="3">元帝</td><td>无记号</td></tr>
<tr><td>穿上横</td></tr>
<tr><td>穿下星</td></tr>
<tr><td rowspan="3">成帝</td><td>无记号</td></tr>
<tr><td>穿上横</td></tr>
<tr><td>穿下星</td></tr>
<tr><td>哀帝、平帝</td><td>磨郭</td><td>磨郭为哀帝、平帝时期，钱币本身的铸期不定</td></tr>
<tr><td rowspan="6">两汉之间</td><td>泾阳式（咸阳式）</td><td></td><td>与王莽布泉风格相近</td></tr>
<tr><td>更始二年</td><td></td><td>有更始二年叠铸范盒</td></tr>
<tr><td>孟家村范式</td><td></td><td>直笔上横五铢</td></tr>
<tr><td>曲笔上横五铢</td><td></td><td>即更始五铢上横</td></tr>
<tr><td>方折铢</td><td></td><td>与王莽货泉风格相近</td></tr>
<tr><td>阳泉式</td><td></td><td>有无记号、四决、上半星五字交笔三种</td></tr>
</table>

（续表）

年代	种类	型		备注
东汉	建武			
	灵帝			背四出
	记号	阳文		多为纪数
		阴刻		
汉末	綖环			二者恰可合成一枚完整的五铢
	凿边			
	郡县（地方割据）	董卓		无文
		刘焉		本钱多劣
		平五铢		面文有“平”字
		白钱	五铢	汉末至魏晋流行于南方政权的钱币，一说袁术钱，淮北出
			五朱	
			五五	
			朱朱	
			五金	
			五子	
			五十	
			五丰	
非正用品	鸡目			一说为辅币
异质	铁五铢			质地为铁
	铅五铢			质地为铅

武帝

星文（郡国五铢）

横文（郡国五铢）

月文（半星）（郡国五铢）

无记号（郡国五铢）

三角（反月）（郡国五铢）

决文（郡国五铢）

四角决文（赤仄五铢）

无记号（三官五铢）

穿上横（三官五铢）

穿下星（三官五铢）

昭帝

无记号（三官五铢）

穿上横（三官五铢）

穿下星（三官五铢）

宣帝

无记号（三官五铢）

穿上横（三官五铢）

穿下星（三官五铢）

元帝

无记号（三官五铢）

穿上横（三官五铢）

穿下星（三官五铢）

成帝

无记号（三官五铢）

穿上横（三官五铢）

穿下星（三官五铢）

哀帝、平帝

磨郭（三官五铢）

两汉之间

曲笔上横五铢

方折铢

阳泉式

泾阳式（咸阳式）

更始二年范式

孟家村范式

东汉

建武十七年叠铸铜范盒

建武诸式

灵帝（背四出）

记号　阳文

记号　阴刻

汉末

綖环

凿边

董卓无文

刘焉

平五铢

五丰

五金

五十

五五

五铢

五子

朱朱

五朱

非正用品

鸡目

异质

铅五铢

铁五铢

五銖

王莽造泉

元始末年，“大风吹长安城东门屋瓦且尽”。

大内之中，四十八万七千五百七十二份请封王莽的上书，纵横垒摞，直达天衢。狂风穿过天禄阁窗牖的裂隙，把简牍击得噼啪作响，倒像是兵戈相接、鼙鼓迭噪的景况。

未央宫外，王公、列侯、诸生、吏民接肩鳞次，连守阙廷。他们顾盼鼓噪，奋袖呼号：“恭请安汉公加九锡！恭请安汉公加九锡！”

前殿里传来王莽咚咚的叩头声，只见他泪满襟衫，呜呜哑哑地向太皇太后王政君泣诉：“臣不愿受赏……”

望着阶下惨兮兮的亲侄，王政君耳边回响起兄长王凤的嘱托。

前汉末年，侈靡成风。

元帝沉湎声色，奢靡无度；成帝治国无能，荒淫有术；哀帝更是耽于男色，辄赐千万。孟子曰：“上有好者，下必有甚焉者矣。”章台街上，皇室贵戚锦衣华服，骑着高头大马招摇过市，身旁的恶仆高声呼和，驱赶着路人，遇有不及躲避的便是一鞭，却发现那不过是一具具冻馁的尸体。他们驭着森森地嘶叫的怒马，把脚底的血肉踩出一道道深深浅浅的印记来。

在王氏金铺玉户连绵的高屋大楼里，扎眼地夹杂着几间低矮的房屋。身着素衣儒服的王莽侍奉母亲歇息后，又急促促地奔向大司马府。他于途中念想着：要是能缓两日帮好友朱博纳取妻妾，或许就有钱多救济些章台街上的饿殍了。

彼时大司马王凤身染重疾，自知病将不起。平日里倍受提携的至亲骨肉都置若罔闻，只有侄儿王莽衣不解带地侍奉在侧。在弥留之际，王凤深深地担忧家族的命运，想起那些舆马声色的子侄，不禁悲从中来，

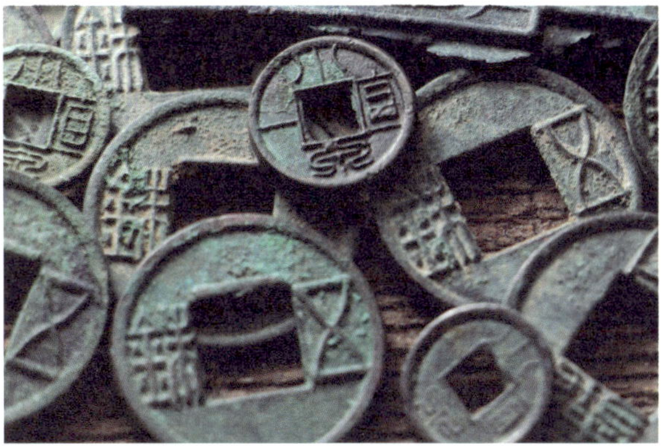

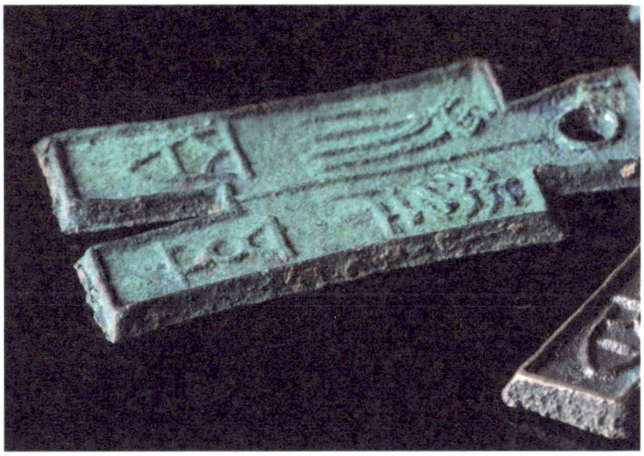

唯恐自己身后这“五侯当朝”、权倾天下的勋贵家族，会如卫、霍般一夕崩解。在辗转反侧中，王凤突然注意到了身旁蓬头垢面的王莽，复又忆起他这数月床榻侍疾的事必躬亲、任劳任怨。王凤终于做了决定：他将王莽郑重地托付给王政君，死且瞑目。

王莽如汩汩活泉，是罕见的清流。

他地位愈高时，节操愈谦；受赏愈厚时，推辞愈坚。要是实在拗不过上命民情，勉强受赏后，他也会尽数捐出，乃至“家无所余”。一如他虽然接受太傅的官职和安汉公的爵位，却推掉了封地和子孙的继承权。又如一日王莽母亲身体抱恙，王侯公卿登门问询。迎客的妇人身穿粗麻，素面朝天，宾客皆以为是奴仆，不免态度倨慢，后来才知她正是王莽的嫡妻正室。子曰“未若贫而乐，富而好礼”，如是而已。

这该是何表纤尘不染的人物，似能出离樊网，独善其身。然而正当王莽想要大施拳脚、匡济天下之时，酒色蚀骨的汉成帝却一病不起了。付诸黄泉的除了成帝昏聩的政名，还有王氏外戚滔天的权柄。在继位者汉哀帝荒唐挥霍的七年间，王莽寂寥地隐居在封地之内，蜀地新都的老旧宅邸，便已是他的全部脚力。其间他的次子不慎手刃家奴，本是刑错不上勋贵，至多罚金、下狱的小罪，竟被王莽逼迫自尽。毕竟失势的猛虎，连利爪都是罪愆。能够被世人遗忘，便已是前朝外戚的上佳结局。

如同伯父汉成帝一样，汉哀帝也因沉湎声色，崩于床箦。久经沉浮的王莽再次掌权。只是经此世变，他永矢弗谖的，除了高耸入云的儒家道德，还多了一条——权力。

本次加封九锡，他“流涕叩头不愿受赏”，可是群情汹汹，众意难违，最后只得稽首再拜，领受封赏。从此，九锡成了篡位的代名词。只寥寥罗列后世加封九锡的几人于下，聊以窥斑：曹操、司马昭、石勒、杨坚、李渊……同样的，短短三年后，王莽已是身受“九锡殊礼”、屡行“揖让虚礼”、手执“禅让仪文”的堂堂天子了。历史上空前绝后的“民选皇帝”，便如此这般地粉墨登场了。

关于王莽篡逆一事，史学大家吕思勉如是说：“在从前那种政体之下，一个人有了非常的抱负，要行非常的改革，不做君主，是否能够始终的贯彻？为了贯彻自己的主张的原故，事实上皇帝又可以取得到手，是否可以取来做一做，以实行自己的主张。还是应该谨守君臣之义，专做一姓一家的奴隶，听凭天下的事情，一切败坏决裂？”

天下者，天下人之天下也。

为了不再出现汉哀帝时他被迫下野的窘境，为了让自己筹谋的复古大业长久留存，在天下兆民的拥戴下，王莽和平地接管了汉家江山。这种“禅让”的心法一直流传到溥仪逊位时。如此，异姓王朝的更迭甚至比正常的父死子继更加平和，亦可谓仁之至矣。

终于，这位道德家践履至尊，而天下已是末世之景：郡国并旱，亡有平岁，贼寇横行，百姓流离。

每当天地翻覆时，总有人承天立极，担纲国事，他们或是面向未来，变更旧制，或是回到过去，法祖历史。王莽选择回到尧舜之时，回到每个儒学拥趸的精神世界。于是他左手《周礼》，右手《论语》，开始建设自己心中的“理想国”。

新莽君臣在古老的文献中艰难地跋涉，他们兢兢业业地考据着《周礼》中语焉不详的名物，然后矢志不渝地将之颁行天下。于是朝堂之上出现了四辅、三公、四将、九卿、六监等新奇的官职。郡国的名称也被修改了大半，为压胜，为趋吉，为避讳，为贬抑，总归是名正言顺了。那些被收归国有的田

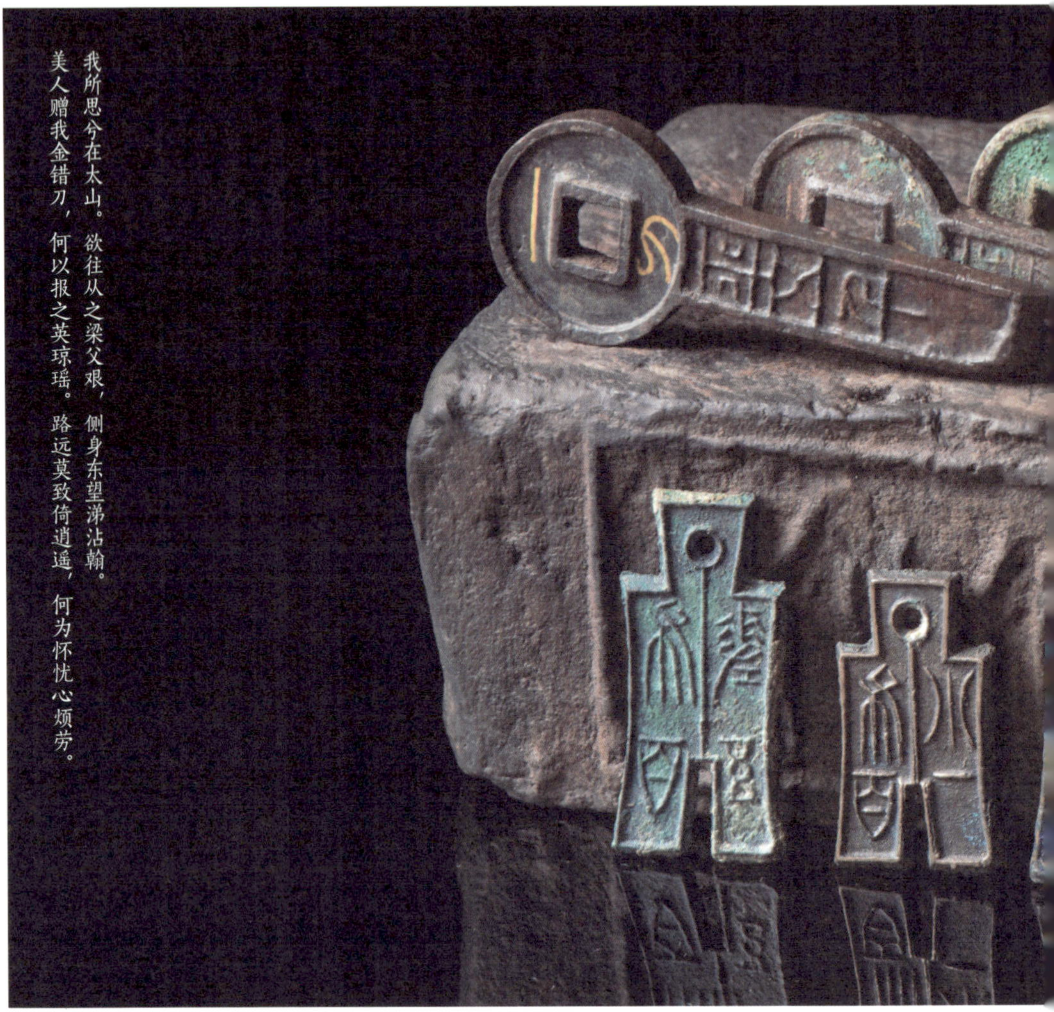

我所思兮在太山。欲往从之梁父艰，侧身东望涕沾翰。
美人赠我金错刀，何以报之英琼瑶。路远莫致倚逍遥，何为怀忧心烦劳。

地，倒也不称井田，而称王田，饶有平均地权的意味。至于改郊礼、变庙制、张太学、仇四夷，几乎是臻于三代时的盛景了。

其中最为重要的，还是佶屈聱牙的五均六筦，此法誓要把豪强的兼并之路扼死，争奈执法之人，尽是豪奢之辈。光是与六筦有着千丝万缕联系的铸币一事，前后更易之频繁，币种之博杂，冠绝今古。

从居摄二年（7）到天凤元年（14）（一说地皇元年，20），短短七年间，王莽四改币制，所造的钱币式样奇绝，文字隽美，号曰“钱绝”。王莽亦因此被清人称为“古今第一铸钱能手”。

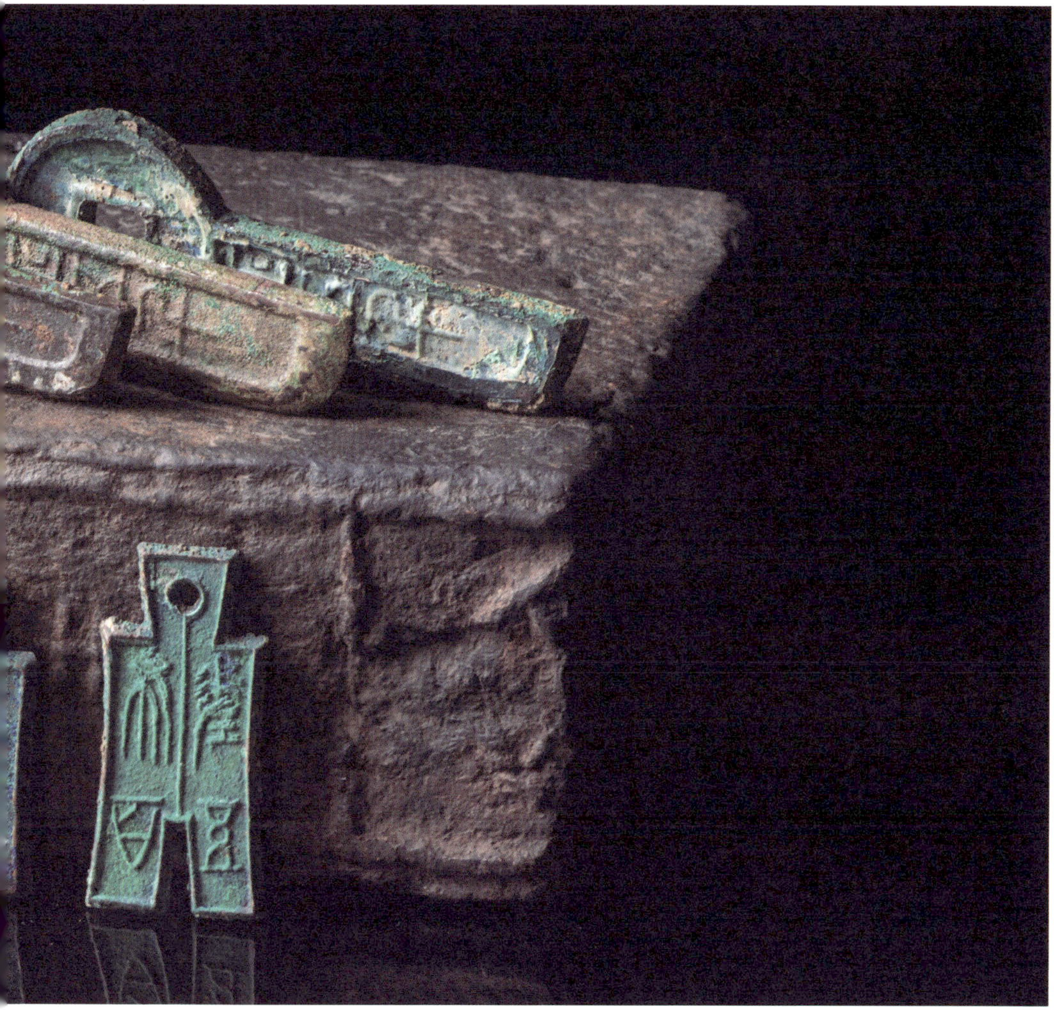

居摄二年时，王莽尚未称帝，然而复古改制的大幕已经拉开。《汉书》记载：“王莽居摄，变汉制，以周钱有子母相权，于是更造大钱……又造契刀、错刀……与五铢凡四品，并行。”

由于《周礼》中记载钱币的储放机构为“泉府”，故大钱面文为“大泉五十”。一枚大钱可以兑换五十枚五铢，取“子母相权”之意。然而先秦所谓“子母相权”，货币的作价符合实际重量，如圜钱一釿的重量是半釿的两倍，作价亦是半釿的两倍。莽钱则不然，其名曰“子母相权”，实为“虚值大钱”，如一枚大泉五十只比一枚五铢重两倍余，却是其作价的五十倍。此后王莽屡次币改，虚值大钱仍在。是故改亦滥，不改亦滥，虚浮的货币名号和造作的货币形制，如何都掩盖不了劣币驱逐良币的实质。

契刀和错刀则尤甚，一枚契刀可兑换五百枚五铢，一枚错刀可兑换五千枚五铢，此两品虚币面值极大，庶民难用，专肆搜刮富人、贵胄，这亦与王莽“托古改制”中“齐众庶，抑并兼”的思想一致。颁行此等虚币虽是敛财诈计，却颇有些富国的功用。

第二次币制改革是在始建国元年（9）正月，即王莽篡汉的前一个月。本次币改原因之荒唐，可谓旷古绝今。原来汉朝国姓为“刘”姓，而“刘”字的繁体字由“卯”“金”“刀”三字组成，当时流通的货币“契刀”、“错刀”和“五铢”皆与“刘”字相关，新廷出于厌胜的目的，便将三币罢用。

有汉一朝，符谶极盛。尤其厌胜之法，更是大行其道。王莽费尽心机地抹去汉朝的印记，光地名就更易了数百个，如将广汉更易为广信，长陵更易为长平，凡此种种，难以尽述。由于名称淆乱，颁布诏书时又不得不标注旧名，令人啼笑。

“契刀”、“错刀”与“五铢”被废除后，王莽颁行了代替五铢的“小泉直一”，五十枚小泉直一可兑换一枚大泉五十。由于天下钱币不是大泉即是小泉，故而“泉”成为钱币的代名词。钱币为泉，古钱币藏友为泉友，如此便祛除铜臭，殊为雅致。

始建国二年（10）十二月，最令人费解的第三次币制改革开始实施，新廷颁行黄金一品、银货两品、龟宝四品、贝货五品、泉货六品、布货十品，共计五物、六名、二十八种之多。本次改币，金、银、钱、布、龟、贝无所不包，几乎囊括了中国所有的货币种类与材质，令人眼花缭乱，怕是就连王莽本人也难以明晓其间的折算之法。其中龟、贝诸类，其实是汉武帝以来，西汉实物货币思想的借尸还魂。

汉武帝死后，贤良文学在与桑弘羊的盐铁辩论中已经提出了以物易物的交换方式。汉元帝时，大臣贡禹主张废除钱币，使用谷帛，他甚至以开采铜矿会破坏风水为由，大谈复古之道。汉哀帝时，大司空师丹认为废币可行，后迫于公卿阻力，仍用五铢。王莽强行龟、贝，致使“农商失业，食货俱废，民泣于市道”，后纷纷“起为盗贼”。

本次币改虽然披着王道复古的外衣，内里却是为了敛凑军费。王莽深受“华夷之辨”“夷夏大防”等儒家观念的影响，不仅呆板地将边民划分为先秦时的蛮、戎、夷、狄，誓将其填之、厌之、疏之、除之、摧之、刈之，更大行厌胜之法，更易地名为厌戎、填戎、平胡等等。可惜大兵四出之下，反使四境之外，并入为害，江海边郡，涤地无类。边患难弭，黄河竟也溃决，数郡泛滥，天下腾然。

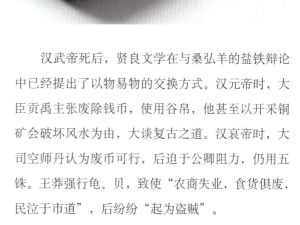

山河破碎，“再世周公”王莽已经是穷途末路，他双眼凝视着石渠阁中孔子的画像，口中嘟囔着：“天厌予，天厌予……”

天凤元年（14），王莽废除杂乱的宝货制，颁行“货泉”与“货布”，开始了第四次币制改革。货泉与五铢等重，一枚值一钱。货布重约二十五铢，一枚值货泉二十五枚。又准许大泉五十继续行用，只是作价贬为一钱。货泉与货布二品并行，其实是对西汉五铢钱制的恢复。王莽亲自敲响托古改制的丧钟，向更为成熟的汉制妥协，他终是明白，原来“金字塔不能倒砌”。王莽还特意在货布上侧铸造小孔，名曰“圆好”。三代也罢，汉朝也好，只要能够苟延国祚，便是圆好。

在生命的最后岁月，王莽身后总是跟随着手持“威斗”的司命官。威斗以五色药石与铜合金制成，长约两尺五寸，状如北斗。威斗会随着时辰的变化旋转，王莽亦随威斗旋转，用以承接天威，厌胜敌军。可是当一封封民生凋敝、百姓谋乱的奏疏流水般递来时，王莽眉蹙了，难不成让他厌胜天下不可？

地皇四年(23)秋，大风吹长安城东门屋瓦且尽。

王莽口占符命，身随威斗，木然地看着未央宫内的熊熊大火。直到敌军近前了，又近前了，他才讶异地发现，这张张凶恶面孔所属，正是长安巷陌里他曾救助过的饥饿生民。他失魂落魄地跌坐在渐台之上，下意识地周正衣冠。只是不知何处冷剑，将其头颅囫囵割下。他血口张合，似说着：

“天地之性，人为贵……”

两百余年后，西晋的洛阳武库突遭大火，王莽的头颅化为灰烬。随之一同焚毁的还有孔子的木屐和刘邦的斩蛇剑。

据说那斩蛇剑“穿屋而飞，莫之所向”。

表六 王莽历次币改图释

改革次数	币种	重量（法重）	作价（文／枚）
第一次	契刀五百	32 铢	500
	错刀五千	45 铢	5000
	大泉五十	12 铢	50
	五铢	5 铢	1
第二次	大泉五十	12 铢	50
	小泉直一	1 铢	1
第三次（六泉十布）	小泉直一	1 铢	1
	幺泉一十	3 铢	10
	幼泉二十	5 铢	20
	中泉三十	7 铢	30
	壮泉四十	9 铢	40
	大泉五十	12 铢	50
	小布一百	15 铢	100
	幺布二百	16 铢	200
	幼布三百	17 铢	300
	序布四百	18 铢	400
	差布五百	19 铢	500
	中布六百	20 铢	600
	壮布七百	21 铢	700
	弟布八百	22 铢	800
	次布九百	23 铢	900
	大布黄千	1 两	1000
第四次	货布	25 铢	25
	货泉	5 铢	1
	大泉五十	12 铢	1
其他	布泉		
	国宝金匮直万		10000

第一次货币改革

契刀五百

错刀五千

五铢

大泉五十

第二次货币改革

大泉五十

小泉直一

第三次货币改革

小泉直一

幺泉一十

幼泉二十

中泉三十

壮泉四十

大泉五十

小布一百

幺布二百

幼布三百

序布四百

差布五百

中布六百

壮布七百

弟布八百

次布九百

大布黄千

第四次货币改革

货布

货泉

大泉五十

其他

布泉

国宝金匮直万

开元轶事

開元通寶

光绪庚辰之夏，泉友杨守敬从日本国购得一部奇书。书中尽是些淫不可闻、猥亵伤雅的艳词，故其被私议为“日本第一淫书”。

杨守敬倒不十分在意，认为那不过是本满篇“都卢”“叵耐”的唐人俗刊罢了，所以除了在《日本访书志》中小赘几笔，便再无牵扯了。

稍晚些，另一位泉友将此书的内容收入到他的《集外集拾遗》中，序语也写得中肯，谓是：“为治文史者所不能废矣。”这位泉友名叫周树人。据说他在北大授课时，也不忘与学生剖理此书之意趣。

同在北大任教过的出版家郑振铎，则已然是富溢言表的称颂了：“它只写得一次的调情，一回的恋爱，一夕的欢娱，却用了千钧的力去写。”

此书唤作《游仙窟》，作者是唐人张鷟（音同“卓”，即紫凤）。如今张鷟的名声是寂寥了些，但早先却是闻达于新罗、日本的国际文人。

张鷟年少时，曾梦见紫文大鸟，歇于庭上。其祖大喜：“吾儿当以文章瑞于朝廷”，故以“鷟”为名。唐高宗调露年间，张鷟果真进士及第。

水部员半千服膺张鷟文辞，为之奔走宣扬：“（张）鷟文辞犹青铜钱，万选万中。”一时公卿皆称其为“青钱学士”。青钱即是掺杂了铅、锡的铜钱，又称白铜钱，其银白素雅，卓然于暗黄色的孔方丛中。所谓“青钱万选”，言尽了张鷟之才调无伦，当世罕匹。

開元通寶
開元通寶

青钱多见于唐代的开元通宝中。张鷟发迹时，铸行仅八个月的乾封泉宝已被召回，唯唐初发行的开元通宝尚在行用，故可知“青钱万选”“青钱学士”中的“青钱”正是“开元通宝”。

至于开元通宝之前的钱币，那大名鼎鼎的长寿五铢，却已在新莽后的三次货币变革中面目全非，再无古朴雄浑之姿，并于唐高祖武德四年（621）寿终正寝。

第一次是东汉中后期的劣币潮。汉献帝时，董卓挟帝入长安，颁行小钱。除了销熔五铢外，董卓还将长安城里的铜器尽数销毁，据说其中还包括秦始皇铸造的十二金人。董钱极尽轻小之能事，入水不沉，随手破碎，似是再薄一分，便会化成齑粉。百姓讥之为“无文小钱”。

魏晋南北朝时也有荚钱，虽不若董钱轻劣，亦无差耳。有“榆荚”“鹅眼”“綖环”等诸类名目，大抵是说劣币薄似榆荚，风飘水浮。之中尤为轻劣者，当属沈郎钱。

沈郎即东晋大将军王敦手下的参军沈充。中原丧乱以来，风景不殊，奸竖横出。沈充起兵为乱，开炉鼓铸。沈郎钱重约三铢半，钱文却是“五铢”，如此敛聚，免不得后来兵败身死了。诗人王建讥讽道“绿榆枝散沈郎钱”，李商隐亦有砭言“谢家轻絮沈郎钱”，最为妙绝的还属李贺的“榆荚相催不知数，沈郎青钱夹城路”。说来这沈郎钱本只短暂地铸行于数县之地，不想却在后世文人的揶揄中饶有声名。

第二次是三国时期虚值大钱的井喷。蜀汉有以一当百的“直百五铢”、“太平百钱”、“定平一百”和“直百”。东吴则更甚，

动辄铸行百倍、千倍虚值的大钱，其名曰“大泉五百”“大泉当千”“大泉二千”“大泉五千”，其中 “大泉五千”，以一当五铢五千，是继王莽之后最大的虚值大钱，直把钱法当戏法。三国之中，独是曹魏对“五铢”一以贯之，三分归晋之理，或在此中矣。

第三次是南北朝时钱法的恢复。元嘉七年（430），刘宋王朝开始铸行较为厚重的四铢钱。天监元年（502），梁朝铸行重如其文的“天监五铢”和“公式女钱”，五铢钱制重获新生。此外，由北朝铸造的太和五铢、永安五铢、大统五铢和常平五铢也都是足重美观的良币，乃至后来北周铸造的布泉、五行大布和永通万国，更是东汉以来之粹珍，后人誉之为 “北周三品”。

北周三品

武德四年（621）七月，唐高祖废五铢钱，行开元通宝钱，钱币的纪重时代彻底结束。所谓开元，即“鼎革开国”之意，汉时就已常用。《汉书》有“历纪开元”的用语，南朝萧道成登基时，也用“开元创物”行文告天。至于通宝，大抵就是“通行宝货”的意思了。

古钱币的面文往往由名人撰写。由于年代久远，关于题写者的记载往往语焉不详，多是后人的附会之语，如李斯之于半两，苏东坡之于元丰通宝，戴熙之于咸丰通宝等。开元则不然，《旧唐书》明载其面文的题写者是楷书圣手欧阳询，但是在面文的读法上却颇有争议。

四字方孔钱的面文读法有二：一则曰上下右左，是谓直读；再则曰上右下左，是谓旋读。具体到开元钱时，直读为“开元通宝”，旋读为“开通元宝”。若按新、旧《唐书》“开元钱之文”“武德四年，铸‘开元通宝’”的记载，开元钱应是直读，即“开元通宝”。可与二书迥异的也是史学名典，先是《唐六典》所述：“皇朝武德中，悉除五铢，更铸‘开通元宝’钱。”再是《通典》所述：“大唐武德四年，废五铢钱，铸‘开通元宝’钱。”如此，开元钱面文的读法便饶有争议了。

倘若书读得细，或也能发现些许关节。如《通典》虽然持旋读的 “开通元宝”之说，但是《通典·食货一》中却有“钱者通宝”的记载，可知“通宝”在唐时已经有代指钱币之意。或许答案就在《旧唐书》中的这段文字中：“（开元通宝）其词先上后下，次左后右读之。自上及左回环读之，其义亦通。流俗谓之‘开通元宝’钱。”至于《唐六典》与《通典》的说法是否是流俗之见，可能只有欧阳询能说得清了。

说来也怪，开元通宝除了面文迷雾重重外，就连背面的“月纹”也有诸多轶闻。其中流传最广的，莫过于“甲痕说”，即是说这弯弯的月纹其实是某位后宫贵眷的指甲印。

开元通宝背三祥云

《唐会要》《文献通考》《太平广记》都引用过郑虔《会粹》中的一处记载，大意是欧阳询进献开元通宝的蜡制钱样时，文德皇后（即长孙皇后）掐拿样钱，留下一处指甲痕，故依样钱制钱后，开元通宝背后产生甲痕。此说疏漏明显，想那欧阳询进献时，皇帝尚是唐高祖李渊，秦王（李世民）妃长孙氏绝无接触样钱之可能。

五代时，出现了更为完善的“甲痕说”版本。凌璠在《唐录政要》中将掐拿蜡钱的文德皇后，改为唐高祖的太穆皇后（窦皇后）。北宋张舜民在其笔记小说《画墁录》中亦持此说。南宋王观国在其字书《学林》中，也有“太穆皇后”云云。其实太穆皇后早在唐朝建立前就已崩逝，被追封为“后”更是其子唐太宗登基以后的事情了。总之以上诸条都是捕风捉影的齐东野语，不足信矣。

司马光早在《资治通鉴》中，便将以上两说之弊一语刺破：“时窦皇后已崩，文德皇后未立，今皆不取。”

与前两者相比，“甲痕”的第三位主人可谓人尽皆知了，此人便是四大美女之一的杨贵妃。宋人王楙在其著作《野客丛书》中提到了徐彭年的《家范》

一书，对书中“（开元）通宝，此钱背有指甲文者，开元皇帝时铸，杨妃之爪甲也”的记载，颇不以为然，却又误认为“爪甲痕者”是文德皇后。此外，宋人叶大庆的《考古质疑》和刘斧的《青琐高议》中也都有关于杨贵妃甲痕的记载。

“贵妃甲痕说”错把“开元通宝”当作了唐玄宗的“开元”年号，误以为“开元通宝”是唐玄宗铸造的年号钱，甚至许多久涉泉币的藏家也不明就里，亦持此说。

其实钱币背后的标记约有四种含义：一是显示铸地，如直百五铢背“为”，即是指蜀汉的犍为郡，此种标注方法在后世的会昌开元、崇祯通宝与清代钱币中，尤为典型；二是显示炉别，用以统计铸炉，方便管理；三是装饰之用，如灵帝五铢背四出、永安五铢背四出等；四是吉语、压胜之用，如永安五铢背吉、道光通宝背天下太平等。至于开元的月纹，应该是标示铸地与炉别之用了。

如若从钱币的铸造工艺来看，“甲痕说”更是不攻自破了。

古代铸币工艺大致可分为“两种三阶段”，即范铸法和翻砂法两种，单层范、多层范以及母钱翻砂三个阶段。

范铸法全盘继承了青铜器的范铸方式，采用“模—范—熔液—浇注”的铸造模式，即用泥、石或金属制成钱范后，再注入铜水，浇铸成钱。单层范流行于先秦至西汉时期，又称为“平板范竖式浇注”，范内以树状图的方式排列着若干币模，模子之间以浇道相连通，铸币时将铜水沿浇道灌入，铜水冷却后，就形成了一枚枚钱币。但由于单层范铸出的钱币数量有限，效率不高，因此逐渐发展出了更为高效的“叠铸法”。“叠铸”又称“层叠铸造”，即将多个单层范叠合，组装成套，再沿浇道灌注铜水，逐层取钱。叠铸法兴起于西汉，新莽后开始流行，直到隋唐时逐渐被翻砂法代替。

翻砂法，又称母钱翻砂法，主要分为三步：第一步是手工雕制出雕母，再用雕母翻制出若干母钱；第二步是把母钱放入以砂土添实的框子中，再以另一框子扣于此框之上，待上下框内砂土成型后取出母钱，再做出浇道，形成砂质钱范；最后，浇灌铜水，凝结成钱。翻砂法的优势在于方便控制单次铸币数量，且模具制作方式简单，损耗率降低，原料来源丰富，大大降低了成本。在被机器铸造替代之前，母钱翻砂法一直是主要的铸钱法。

欧阳询上献的开元通宝样钱就是翻砂法中的母钱。由于要用母钱印砂，所以母钱背后的月痕必须是凸出的阳文，才能在型砂中印出凹陷的阴文，最后浇灌出凸出的月痕。

依据铸币常识，无论贵妃如何拿捏，也是断断形成不了突出的月纹的，故“甲痕”一说实是无稽之谈。

半轮残月掩尘埃，依稀犹有开元字。想得青光未破时，买尽人间不平事。

开元通宝是泉坛新人绕不开的门类，前辈授道时免不了添些掌故，有时来了兴致，点石移山、羽化成仙的事儿便都出口了，最后免不得侃几句贵妃的纤纤细指。旁的人或惊或喜，也有遮住口鼻忍俊不禁的，只是那讲授的长者却早已意兴阑珊了。

古今多少事，毕竟深究不得，兀那大江明月，皆在口中，只道是语前明月，语后清风罢了。

中国古代钱币铸造法

范铸法（商周—五代）：
制模（祖范）—制范（母范）—制子范—熔铜—烘范—浇注—磨锉

翻砂铸钱法（南北朝—清末）：
制钱模砂型—母钱印模—固定砂型—熔铜—浇注—开砂型—修整钱币

锻压制钱法（近代以来）：
熔化金属原料—浇注成条片—碾压定厚度—轧条片成饼坯—烘软饼坯—压印凸边—压印花纹

表七 三国、两晋、十六国、南北朝、隋朝钱币图释

时期	国家	始铸情况	种类	备注
三国	魏	魏文帝曹丕于黄初二年（221）铸	五铢	有无记号、背四出、单柱、双柱、四柱、六柱等型
	蜀	先主刘备于建安十九年（214）铸	直百五铢	有光背、背阴刻、背为等型，早期多厚重，后期减重薄小
		蜀汉时期	太平百钱	有隶书、篆书两种，背有水波纹、阴刻等。或省字为“太平百金”
			世平百钱	形制与太平百钱雷同，背有水波纹，存世稀少
			定平一百	钱体薄小，有大样、小样。背有阴刻文者
			直百	直百有大样小样，钱体薄小，背有阴刻文者
			直一	蜀国所铸最小面额铸币，形制类似直百，背有阴刻文者
		待考	蜀五铢	有争议，或为西晋造“小内郭五铢”
	吴	吴大帝孙权于嘉禾五年（236）铸	大泉五百	孙权嘉禾五年至九年（236–246年）所铸大钱。其中“大泉五千”，一当五铢五千，传世极少，为中国古钱“五十名珍”之一，是继王莽后最大的虚值钱
		吴大帝孙权于赤乌元年（238）铸	大泉当千	
		吴三嗣主时期	大泉二千	
			大泉五千	

（续表）

时期	国家	始铸情况	种类	备注
两晋	西晋		小内郭五铢	多为蜀地出土，旧称蜀五铢
	东晋	孝元帝时期	沈郎五铢	钱文为五朱，为减重省文钱。一说为汉末白钱的一种
十六国	前凉	前凉张轨铸	凉造新泉	该钱是以国号为名的第一例方孔圆钱
	后赵	后赵石勒铸	丰货	有篆书、隶书两种，也有内郭和无内郭两种
	成汉	成汉李寿铸	汉兴	我国最早的年号钱。有横汉兴、竖汉兴两种
	夏	大夏赫连勃勃铸	大夏真兴	“大夏”为国号，“真兴”为年号，历史上国号、年号合璧，此为首例
南朝	宋	宋文帝刘义隆于元嘉七年（430）铸	四铢	四铢为南朝第一种铸币，有大样、小样两种
		宋文帝刘义隆于元嘉二十四年（447）铸	当两五铢	伪钱，多为郡国、郡县五铢之讹
		宋孝武帝刘骏于孝建元年（454）铸	孝建四铢	“孝建四铢”四字作薤叶篆，常见合背、重文、倒书者，版式颇多。中国最早年号记重钱
		宋孝武帝刘骏于孝建年间	孝建	光背，字、形如孝建四铢，字文多平夷漫漶
		宋孝武帝刘骏于大明元年（457）铸	大明四铢	该钱铸期不足三个月，罕见
		宋前废帝刘子业于永光元年（465）铸	两铢	永光元年春二月庚寅铸
			永光	钱体薄小，罕见
		宋前废帝刘子业于景和元年（465）铸	景和	
	齐	齐武帝萧赜于永明八年(490)铸	南齐五铢	有大样、小样，常省笔为五金（金类泉，俗称“五泉”），常见无文，偶见内郭、合背、合面、背单决
	梁	梁武帝萧衍于天监元年（502）铸	天监五铢	只见史载，“肉好周郭”，实物或为北齐五铢大样型制（根据南京范判定），或为直径较小的北周五铢
			公式女钱	面无内外郭，易与剪边五铢混淆
		梁武帝萧衍于普通四年（523）铸	梁铁五铢	铁质，背四出纹，是我国首次大批量铸造的铁钱。有五内星、上下星等记号，亦有传形
		梁武帝萧衍于太清年间铸	太清丰乐	背四出纹，偶见光背，光背钱文丰乐二字与正品相反
		梁元帝萧绎于承圣年间铸	梁两柱五铢	有内郭和双竖郭两种
		梁敬帝萧方智于太平二年（557）铸	梁四柱五铢	面内郭，背上下左右四星柱

（续表）

<table>
<tr><th>时期</th><th>国家</th><th>始铸情况</th><th>种类</th><th>备注</th></tr>
<tr><td rowspan="3">南朝</td><td rowspan="3">陈</td><td>陈文帝陈蒨于天嘉三年（562）铸</td><td>天嘉五铢</td><td>即陈五铢，分大五和长金小五两版</td></tr>
<tr><td>陈宣帝陈顼于太建十一年（579）铸</td><td>太货六铢</td><td>面文“太货六铢”为玉箸篆，俗谑为“叉腰哭天子”</td></tr>
<tr><td>待考</td><td>续铢</td><td>断代有争议，或为非行用钱</td></tr>
<tr><td rowspan="11">北朝</td><td rowspan="3">北魏</td><td>孝文帝拓跋宏于太和十九年（495）铸</td><td>太和五铢</td><td>常见有直五和曲五两版</td></tr>
<tr><td>宣武帝元恪于永平三年（510）铸</td><td>永平五铢</td><td>永平至熙平年间所铸的五铢，有太和样一版，罕见</td></tr>
<tr><td>孝庄帝元子攸于永安二年（529）铸</td><td>永安五铢</td><td>中央官铸只有永安二年九月至三年正月五个月时间，大部分为地方官府和民间所铸。主要有：一型（钱文严谨，有连永、不接安、三点铢、俯永等）、二型（永扁平、五字上下三角相等）、三型（背穿四角决文）、四型（小头五、背土），永安分类多系杜维善之观点</td></tr>
<tr><td rowspan="2">西魏</td><td>西魏初期</td><td>永安五铢</td><td>大统元年至六年铸。主要是北魏第三型钱</td></tr>
<tr><td>文帝元宝炬于大统六年(540)铸</td><td>大统五铢</td><td>西魏侯义墓、谢婆仁墓和北周若干云墓均发现有所谓隋置样五铢或类置样五铢形制的五铢钱，故应为大统五铢</td></tr>
<tr><td>东魏</td><td>东魏孝静帝元善见于兴和三年（541）铸</td><td>永安五铢</td><td>铸行永安贯穿东魏始终。有：断永、阔缘、金内上右缺点、背细廓、背粗廓、五左倾、背四出、缺首永、断折朱、仰永、俯永</td></tr>
<tr><td>北齐</td><td>北齐文宣帝高洋于天保四年（553）铸</td><td>常平五铢</td><td>北齐文宣帝天保四年（553）铸，钱文精美，为玉箸篆</td></tr>
<tr><td rowspan="4">北周</td><td>北周初期</td><td>北周五铢</td><td>或为西魏始铸。一说为大统五铢</td></tr>
<tr><td>武帝宇文邕于保定元年（561）铸</td><td>布泉</td><td>一以当五，与五铢钱并行。玉筋篆，有别于新莽悬针篆布泉。另有长泉一版</td></tr>
<tr><td>武帝宇文邕于建德三年（574）铸</td><td>五行大布</td><td>以一当十，与布泉、五铢并行。另有大字一版。钱文受道教影响</td></tr>
<tr><td>静帝宇文阐于大象元年（579）铸</td><td>永通万国</td><td>与布泉、五行大布合称为“北周三品”。为南北朝钱币艺术巅峰</td></tr>
<tr><td rowspan="3">隋朝</td><td rowspan="3">隋</td><td rowspan="3">隋文帝杨坚开皇元年（581）</td><td>置样系统</td><td>又叫“开皇五铢”，直径约 24.8mm</td></tr>
<tr><td>大字系统</td><td>存世较多。初铸直径近 24mm，属于一期减重后的铸币</td></tr>
<tr><td>曲笔系统</td><td>多出自南陈故地，铜质发白，故又叫隋五铢白钱</td></tr>
</table>

表八 唐朝、五代十国钱币图释

名称	铸造发行年代	备注
开元通宝	唐高祖李渊武德年间	常见共13个版式：短头元、直元、龙字、小字、容若、遒劲、大字、大字狭元、低头通、低头通矮元、平头通、小通、小通小宝
乾封泉宝	唐高宗李治乾封年间	重二铢六分，以一当旧钱之十
乾元重宝	唐肃宗李亨乾元年间	有折十、重轮、小平三种。背有星、月、祥云、瑞纹等
得壹元宝	唐肃宗李亨乾元年间	以一当百，史思明销毁洛阳铜佛所铸
顺天元宝	唐肃宗李亨乾元年间	以一当百，史思明铸，有“顺天易得，得壹难求”之说
壹当百钱	待考	因形制与“顺天元宝”“得壹元宝”同，且面文也是当百钱，故传为史思明所铸。或为伪钱，或为花钱
大历元宝	唐代宗李豫大历年间	西北地区地方铸币，或省字为“大”字钱、“元”字钱、“中”字钱等
建中通宝	唐德宗李适建中年间	
天子建号	待考	背后星月多有差异，一说与大历、建中相伴出土
会昌开元	唐武宗李炎会昌年间	背文记有昌、京（长安）、洛（洛阳）、益（成都）、荆（江陵）、襄（襄阳）、蓝（蓝田）、越（绍兴）、宣（宣城）、洪（南昌）、潭（长沙）、兖（兖州）、润（镇江）、鄂（武汉）、平（昌黎）、兴（兴平）、梁（汉中）、广（广州）、梓（三台）、福（福州）、桂（桂林）、丹（晋城）、永（零陵）等23种
咸通玄宝	唐懿宗李漼咸通年间	铸而未行，传世绝少，为唐钱第一珍，也是“中国古钱五十名珍”之一

（续表）

名称	铸造发行年代	备注
高昌吉利	隋至唐初	西域鞠氏高昌国铸币
开平通宝、元宝	后梁太祖朱温开平年间	一说通宝凡有三枚：一品方若旧藏，现存于国博；一品在新加坡；一品长春中吉大地博物馆藏（图示品）。元宝系戴葆庭旧藏，真伪待考。极罕
天成元宝	后唐明宗李嗣源天成年间	李嗣源废铝锡铸造的劣等钱币，所铸成“天成元宝”。极罕
天福元宝	后晋高祖石敬瑭天福年间	有官、私两种，官铸精美，私铸粗劣
汉元通宝	后汉隐帝刘承祐乾祐年间	形制面文制式均仿造“开元通宝”，钱背多有星、月纹
周元通宝	后周世宗柴荣显德年间	钱文及体制均仿开元钱。传为柴荣毁佛寺3336所，取铜像所铸。背常有星月
永平元宝	前蜀高祖王建永平年间	有大样（早期）、小样（晚期）之分，面文粗糙，系“中国古钱五十名珍”之一
通正元宝	前蜀高祖王建通正年间	“元宝二字”仿开元钱，多光背，亦有背星月纹。偶见右挑元
天汉元宝	前蜀高祖王建天汉年间	钱文及体制均仿开元钱
光天元宝	前蜀高祖王建光天年间	光字为行书，其余为隶书，制造粗劣
乾德元宝	前蜀后主王衍乾德年间	有光背、背月纹之别。折五型极罕
咸康元宝	前蜀后主王衍咸康元年	钱文晦漫，背常见仰月、星纹，铸造于亡国前夕
开元通宝	闽太祖王审知贞明年间	字体雄健，背后有星文、“闽”、“福”、“殷”等字样
永隆通宝	闽景宗王延羲永隆元年	永隆钱有铜、铁、铅三种，字文夸漫、古拙，极罕
天德通宝、重宝	闽世宗王延政天德年间	重宝以一当百，有铜、铁二种，背多有殷字。通宝或为臆造
天策府宝	后唐同光年间（楚王马殷）	马殷建楚（南楚、马楚），都潭州，被朱温封为天策上将军。“天策府宝”，有铜、铁、银三种。“乾封泉宝” 大钱，有铜、铁两种，背面有天、策、天府、天策、策府等字。“乾元重宝”大钱， 隶书，有大、小数品。除乾封泉宝铁钱外，皆极罕
乾封泉宝	后唐同光年间（楚王马殷）	
乾元重宝	后唐同光年间（楚王马殷）	
大蜀通宝	后蜀高祖孟知祥明德年间	一说凡四品，一品在国博（方若旧藏），一品在挪威，一品在新加坡，一品遗佚。余皆待考。极罕
广政通宝	后蜀后主孟昶广政年间	铜、铁、铅钱并行，系“中国古钱五十名珍”之一（今已不甚难见）
大齐通宝	南唐烈祖李昪升元年间	一说世仅三品，其中一枚四眼，一枚缺角（遗佚）。另有两品待考

（续表）

名称	铸造发行年代	备注
保大元宝	南唐中宗李璟保大年间	一说为南唐灭马楚所铸，一说为马楚附南唐所铸。极罕
永通泉货	南唐中宗李璟中兴元年	以一当十，分为隶书、篆书两种。铁永通相传为韩熙载监铸，以一当二
唐国通宝	南唐中宗李璟显德年间	分为篆、隶、真三种，篆真成对，为对钱之祖
大唐通宝	南唐中宗李璟显德年间	钱文为隶书，有铜、铁、银三种，另有镇库大钱
开元通宝	南唐中宗李璟所铸	钱文篆隶成对，皆有大钱
乾亨通宝、重宝	南汉高祖刘龑乾亨年间	钱文不精，多见铅质（有背邑），一说为辽钱
开元通宝	南楚、南汉铸币	背文常有星、月、文字，或省笔为开平，亦有开元五五、五五等
飞龙进宝	南汉高祖刘龑白龙年间	刘巖改名刘龑时特铸的庆典钱，颇有五代大钱之风
永安一十、一百、五百、一千	幽州刘仁恭、刘守光时期	少见的右左上下的读法，有铜、铁两种
应天元宝 背万	幽州刘仁恭、刘守光时期	一说世仅三品，两品在国内，一品遗佚
顺天元宝 背千	幽州刘仁恭、刘守光时期	一说世仅两品，一品在中国台湾，一品在新加坡
乾圣元宝 背百	幽州刘仁恭、刘守光时期	一说世仅两品，一品在日本，一品在新加坡
应圣元宝 背拾	幽州刘仁恭、刘守光时期	与以上三品一起，或为刘守光改元应天时所铸的套子钱

三国

曹魏五铢

直百五铢

太平百钱

世平百钱

定平一百

直百

直一

蜀五铢

大泉当千

大泉五百

大泉两千

大泉五千

两晋

沈郎五铢

小内郭五铢

十六国

凉造新泉

丰货

汉兴

大夏真兴

南朝宋

四铢

孝建四铢

孝建光背

大明四铢

两铢

永光

景和

南朝齐

五铢

南朝梁

天监五铢

公式女钱

梁铁五铢

太清丰乐

梁四柱五铢

梁两柱五铢

南朝陈

天嘉五铢

太货六铢

续铢

北魏

太和五铢

永平五铢

永安五铢

西魏

永安五铢

大统五铢

东魏

永安五铢背四出

北齐

常平五铢

北周

北周五铢

布泉

五行大布

永通万国

隋

置样系统

大字系统

曲笔系统

唐

开元通宝

乾封泉宝

乾元重宝

得壹元宝

顺天元宝

壹当百钱（本品为臆造）

大历元宝

建中通宝

天子建号

会昌开元

咸通玄宝

高昌吉利

五代十国

开平元宝

开平通宝

天成元宝

天福元宝

汉元通宝

周元通宝

永平元宝

通正元宝

天汉元宝

光天元宝

乾德元宝

咸康元宝

开元背闽

永隆通宝

天德重宝

天策府宝

乾封泉宝

乾元重宝

大蜀通宝

广政通宝

大齐通宝

保大通宝

永通泉货

唐国通宝 真书

唐国通宝 隶书

唐国通宝 篆书

南唐开元通宝 篆书

南唐开元通宝 楷书

乾亨通宝

乾亨重宝

大唐通宝

南汉开元通宝

飞龙进宝

永安一百

应天元宝

顺天元宝

乾圣元宝

应圣元宝

徽宗遗韵

大觀通寶

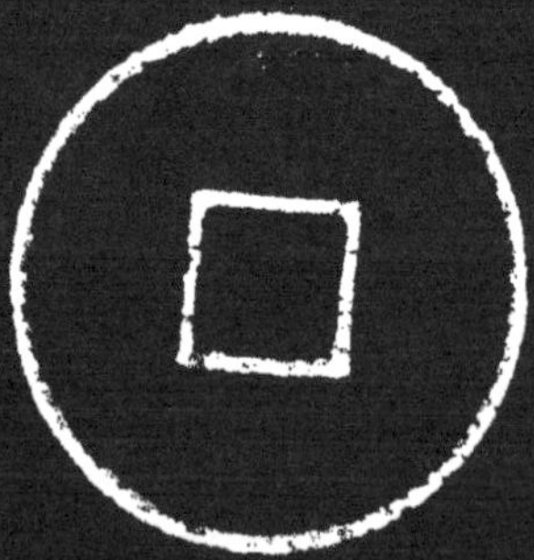

宋徽宗是个文艺青年。

他的瘦金体如幽兰丛竹，泠作风雨声。他本可以做一个书坛祭酒，恣肆笔墨间，或者去翰林画院做个伎术官。他笔下的人物生动富贵，花鸟清淡野逸。

他的词也为人称道，柔丽绮靡是他，富艳精工是他，悲凉低回还是他。

他是仙风道骨的道君，修建艮岳的建筑大师，精通茶艺的博物家。

他还被誉为“天下第二铸钱能手”，他御笔书写的瘦金体俊秀挺拔，瘦硬清奇，是收藏界的一股清流。

可他终究是个耽于享乐的庸主、亡国的阶下囚。

建国通宝

本图真假待考。此钱一般由建炎通宝的『建』字和唐国通宝的『国』字臆造而成。

圣宋元宝

本品为徽宗钱币中的重要门类，钱文真篆相对，别有意趣。

崇宁通宝

钱文书法运笔灵动快捷，侧锋如兰竹，笔迹瘦劲，至瘦而不失其肉，从『宁』字尤可见其风姿绰约之处，是徽宗钱币的典型代表。

践祚之初的赵佶，也曾踌躇满志，渴慕父兄数十载宵衣旰食，变法图治，故资借其父神宗的年号“熙宁”，改元“崇宁”，示以承继。当年神宗五路伐夏，阔地两千余里，何其雄壮哉！哲宗收复青唐，余威犹在！可终究是牝鸡司晨，旧党起复，而天下之诟，又在新党之身矣。

赵佶在等，等待一个再次翻覆旧党的时机。但是他甫一即位，却为旧党巨擘司马光和吕公著恢复名誉，并改元“建中靖国”，以示“搁置党争”“允执厥中”之意。《六韬》曰：“嘿嘿昧昧，其光必远。”赵佶如此诈伪，无非是为了安抚对他有拥立之恩的向太后。

当初哲宗早逝，向太后向宰臣章惇泣诉：“国家不幸，大行皇帝无子，天下事须早定。”

章惇面露讶色，慨然道：“按礼法当立先皇亲弟简王。”

向太后暗道不妙，哲宗生母朱太妃的舆盖、仪卫、服冠已和太后无差，若再立朱太妃的亲子简王为帝，自己将被置于何地？倘是简王再援引“濮议”的成例，“岂有此理”地不顾庶、嫡，难道还指着朝堂上的软骨头们“累疏乞休”不成？

她忿道：“都是神宗皇帝的儿子，哪分得什么亲疏。依我看，年龄稍长的端王赵佶就挺好。”

章惇历遍州县，进退中枢，时人称之为“承天一柱，判断山河”。王安石尚在时，章惇已是新党之重臣，荆公之肱骨。当其独掌相权，乘时报复，而故老、元辅、侍从、台省之臣，举凡旧党者，一日之间，布满岭海。

如今皇权未定，后宫弄柄，又是哲宗初年的景况了。但如高太皇太后、司马光之类的旧党巨擘，章惇尚且无惧，何况一根基不稳的向太后。章惇脱口而驳道：“按长幼，也该立申王！”

向太后一时语滞，抬眼扫了扫殿上的枢密使曾布、尚书左丞蔡卞和中书侍郎许将，右掌抵嘴，面部赧红，笑颤的胳膊把寝阁的垂帘晃得直作响。

看着向太后强忍的样子，曾布赶紧先一步笑了，轻声在章惇的耳边说道：“章相，申王有眼疾啊。”

众人绝倒。

向太后趁势直下圣谕：“便是端王了。”诸臣施礼，合依圣旨。

一旁的章惇怒难自遏，低声如雷，愤然发出那句有名的判语：

“端王轻佻，不可君天下！”

章惇明白自己的末日要来了。如同王安石一样，这次他也栽在了一个女人的手里。如他预想的，他先是被任命为山陵使，贬出京城，再被贬到越州，远离政治中心，最后被贬到了雷州，去了天涯海角。

一年后，向太后崩，赵佶终于露出獠牙，向旧党发难。赵佶比宋哲宗还要狠，他将以司马光为首的三百零九位旧党人物的名籍刊刻在“元祐党籍碑”上，其子子孙孙，永以为奸，此之谓永世不得超生。

至此，徽宗朝的大戏正式开锣。

大观通宝面文是典型的瘦金体，是钱币爱好者的必集品。

崇宁四年（1105），“彗出西方，其长竟天”。和自己的先祖一样，赵佶也擅长在天象上做文章。彗星现世是大吉之兆，故赵佶索性改元“大观”，以合天意。

宋真宗伪造天书，泰山封禅，天下争奏祥瑞。堂堂大宋官家，竟拿这些篝火狐鸣的把戏来粉饰太平，其所异于深山之老妇者，几希。其实宋真宗对于这些鬼神图谶之事，尚还明白羞惭遮掩，用珍珠美酒来堵宰执王旦的口，然而他的嫡派子孙，自封“教主道君皇帝”的赵佶，则真可谓是“恬不知愧”了。

大兴土木，广修宫观自不必说。朝堂之上，大内之中，满眼黄服羽冠，不见斯文。真假道士大行其道，出入禁掖，无敢谁何。

逸文有载：道士林灵素初见徽宗便如故人，双眼直勾勾地盯着面前的赵宋天子，不置一言。

反而是赵佶面对泰然如天神般的林神仙，目不敢视，口不敢言，半天才敢挤出一句：“朕与你可曾见过？”

林灵素眉头微皱，诘道：“我与你曾同列仙班，你当真记我不得？”

赵佶只觉嘴唇发干，喉咙燥得直冒烟，颤颤地回道：“对……对……朕记起来了，当时你还骑着一头青牛，今日却不曾见。”

林灵素微微颔首，看着眼前一脸赤诚的皇帝，帮着他回忆天庭的往事：“你乃是玉皇大帝的长子长生大帝君，我与蔡京、王黼、童贯都是你府内的仙人，特下凡来辅佐你。”

赵佶喜上心头，大呼：“聪明神仙！聪明神仙！”

……

有君如此，奈苍生何。

政和七年（1117），宋徽宗开始修建艮岳。据说徽宗即位之初，想用玉器饮食，又怕群臣有意见，就询问蔡京的看法。蔡京直接从经籍的源头给徽宗壮胆，用《周易》里面的“丰亨豫大”来解释君王的用具，区区玉器又何在话下。由是“丰亨豫大”变成了对徽宗奢靡生活的阐释，浩浩荡荡的修筑工程和愈加严厉的剥削措施，为帝国的崩塌埋下祸患，表面的平静下是愈发汹涌的暗潮。

政和，即政通人和之意。政和通宝是对钱，一隶一篆，相映成趣，是北宋对钱的典型代表，更是讲究对称美的中国艺术的一个范例。

同年，由于天干地支的交叠，宋徽宗改元“重和”。这个年号虽然只使用了两年，却敲响了北宋王朝的丧钟。

重和元年（1118），宋徽宗派武义大夫马政自山东登州乘船渡海，以买马为幌，与金谈判攻辽事宜。在赵佶眼中，大宋王朝几百年的宿敌契丹即将灰飞烟灭，数十代汉家天子魂牵梦绕的燕云十六州也唾手可得。

这次谈判一直到宣和年间才结束，赵佶隐约感觉到了一丝不安。先是宣和元年（1119），郓城人宋江聚众在梁山泊起义，使整个山东弥漫在战火之中；再是宣和二年（1120），歙州贫农方腊把两浙搅得地覆天翻。

重和通宝

宣和通宝

正当万方多难之际，在帝国的北方，赵宋王朝却联金灭辽，此举不啻于驱狼引虎。女真不满万，满万不可敌，大金国以摧枯拉朽之势将辽国从地图上抹去，他们的下一个目标正是大宋的万里江山。

心力交瘁之际，赵佶突然发现："宣和"者，家有二日之意，国破家亡岂非天意？

那之后，赵佶没有再改年号，而是把皇位传给了太子。他像一只受惊的鸵鸟，把他高贵的头颅狠狠地扎进土里。

这一次，他没有躲过命运的审判。等待他的将是长达九年的——北国风光……

表九 两宋铜、铁钱图释

名称	铸造时间	铜钱情况	铁钱情况
北宋			
宋元通宝	宋太祖赵匡胤在位年间	仅见小平钱，钱文仿八分书，形制仿开元、周元，背有光背和星、月纹等	仅见小平钱，钱文隶书，行用于川峡路。铁钱十当铜钱一
太平通宝	宋太宗赵光义太平兴国年间	宋代第一种年号钱，仅见小平钱，背有光背和星、月纹等	有小平及大铁钱，钱文隶书，分别行用于川峡路和福建路建州。大钱稀见
淳化元宝	宋太宗赵光义淳化年间	有小平钱，有行、隶、草三体，背有光背和星纹等。另有名誉品“淳化金佛”“缩水淳化”	有小平钱和折十大铁钱，皆行用于四川路。小平钱有行、楷、草三体，大钱为隶书。大钱稀见
至道元宝	宋太宗赵光义至道年间	钱文有行、隶、草三体，背有光背和星纹等	仅见小平钱，皆为铜范铁钱，稀见
咸平元宝	宋真宗赵恒咸平年间	有小平钱，背有光背和星纹等。另有大型阔缘厚肉钱和折十型样钱	仅见小平钱，皆为铜范铁钱，稀见
景德元宝	宋真宗赵恒景德年间	小平钱	仅见折十大铁钱（一说折三），行用于四川路
祥符元宝、通宝	宋真宗赵恒大中祥符年间	元宝、通宝小平钱皆常见，背有光背和星、月纹等。元宝有大型阔缘厚肉钱、折二和折十型样钱，以及特大型钱	元宝有折二样、折十等多种铁钱。钱文楷书，皆行用于四川路。折二样当值待考
天禧通宝	宋真宗赵恒天禧年间	有小平钱，分为大、小字不同的版别	今见均为折二样，当值待考。钱文隶书，行用于四川路

（续表）

名称	铸造时间	铜钱情况	铁钱情况
天圣元宝	宋仁宗赵祯天圣年间	小平钱，钱文有楷（真）、篆二体	大小各异，或皆为小平钱。钱文有楷、隶、篆三体，行用于四川路
明道元宝	宋仁宗赵祯明道年间	小平钱，钱文有楷、篆二体	今见均为折二样，当值待考。行用于四川路
景佑元宝	宋仁宗赵祯景佑元年	小平钱，钱文有楷（真）、篆二种字体	大小各异，或皆为小平钱，行用于四川路
皇宋通宝	宋仁宗赵祯宝元年间	有小平钱，偶见折二型。背有光背和月纹等。有名誉品“皇宋九叠篆”，稀见	所见甚多，版式多样，或皆为小平钱，行用于四川路和河东路
康定元宝	宋仁宗赵祯康定年间	一说有一枚小平铁母出土，真假莫测	仅见小平铁钱。钱文楷书，应为四川路铸，陕、晋、川有出土
庆历重宝	宋仁宗赵祯庆历年间	常见折十钱，偶见小平样，钱文有直读（顺读、对读）和旋读两种。光背	仅见大铁钱，为旋读，行用于陕西路
皇祐元宝	宋仁宗赵祯皇祐年间	一说“已见三品”，有两品在日本，或为安南钱	
至和元宝、通宝、重宝	宋仁宗赵祯至和年间	元宝、通宝、重宝（小平样除外）均有对钱。重宝有小平样、折二、折五钱，折五偶见坊、虢等纪地	有重宝大铁钱和小平铁钱。大铁钱行用于陕西路，钱背多见光背，偶见虢、同、坊、河等纪地。小平为铜范铁钱
嘉祐元宝、通宝、重宝	宋仁宗赵祯嘉祐年间	有小平钱，光背，钱文有楷（真）、篆二体。元宝、通宝常见，重宝稀见	
治平元宝、通宝	宋英宗赵曙治平年间	元宝、通宝皆常见，都是小平钱，钱文有楷、篆二体	仅见小平铁钱，铸地不明
熙宁元宝、通宝、重宝	宋神宗赵顼熙宁年间	元宝有行、篆，楷（真）和隶四体。背上有衡字者和隶书者少见。通宝多为铁钱，重宝是大钱	有小平和折二铁钱。钱文楷书。小平钱有元宝及通宝两类，多为四川路铸。折二钱多为陕西路铸

（续表）

名称	铸造时间	铜钱情况	铁钱情况
元丰通宝、重宝	宋神宗赵顼元丰年间	通宝有小平、折二钱和铁钱。书体有篆、行、隶三体。重宝极罕，系试样。一说有一品“元丰当十”铁母	今见有小平、折二铁钱。小平钱行用于四川路，折二钱行用于山西路
元祐通宝	宋哲宗赵煦元祐年间	小平钱有篆书和行书。另有折二和折三	有小平和折二钱。小平钱行用于四川路，折二钱行用于山西路
绍圣元宝、通宝、重宝	宋哲宗赵煦绍圣年间	元宝有小平和折二钱等。小平广穿者较多，背文有光背和星、月纹。通宝除楷书中字较多，其余皆稀见。重宝稀见	有小平和折二钱。小平元宝及通宝旋读铁钱行用于四川路，小平通宝对读铁钱行用于河东路，折二铁钱行用于陕西路
元符通宝、重宝	宋哲宗赵煦元符年间	通宝有小平和折二钱，钱文有篆、楷、行三体。重宝稀见	有小平和折二钱。小平钱行用于四川路和河东路，折二钱行用于陕西路
建国通宝	宋徽宗赵佶建中靖国年间	小平钱，有篆书和楷书，一品篆书在国博。稀见。真伪莫辨	
圣宋元宝、通宝	宋徽宗赵佶建中靖国年间	元宝有小平和折二钱，钱文篆、行成对，亦有隶书。通宝稀见	有小平和折二钱。小平钱行用于四川路和河东路，折二钱行用于陕西路
崇宁元宝、通宝、重宝	宋徽宗赵佶崇宁年间	重宝、通宝常见折十钱。通宝为瘦金体，另有小平钱。元宝稀见	有重宝、通宝和元宝。重宝通宝铸行时，恰逢夹锡钱推行，故二钱几乎皆为夹锡钱。元宝铸行于四川路，当值待考
大观通宝	宋徽宗赵佶大观年间	有小平、折二、折三、折五、折十和特大型等多种版式，钱文瘦金体	多为折二钱，本钱多为夹锡钱。另有当十钱，铸地待考
政和通宝、重宝	宋徽宗赵佶政和年间	通宝有小平和折二。重宝为折二钱，钱文瘦金体，稀见	有小平和折二钱。小平钱行用于四川路、河东路。折二钱行用于陕西路。多为夹锡钱
重和通宝	宋徽宗赵佶重和元年	有篆、隶两种字体，篆书少于隶书，较稀见	
宣和元宝、通宝	宋徽宗赵佶宣和年间	元宝仅有小平，有名誉品“宣和背陕”。通宝有小平、折二、折三等。元宝数量远少于通宝	宣和小平背陕钱或铸于宣和二年，或行用于陕西路。折二宣和钱为篆、楷对钱，或铸于宣和初年

（续表）

名称	铸造时间	铜钱情况	铁钱情况
靖康元宝、通宝	宋钦宗赵桓靖康年间	元宝、通宝有小平、折二、折三，皆较稀见，小平稀见	有小平对钱，行用于四川路，较稀见
应运元宝（通宝），应感通宝	起义军李顺占成都时造	仅见小平钱，钱文八分书，背平夷，质青白。一说应运钱凡四品，一品在上博，一品在天博，两品遗佚	应运元宝和应感通宝都有铁钱存世，稀见。一说应运通宝背月孕星铜钱仅一品，于湖北省出土，现在新加坡
南宋			
建炎元宝、通宝、重宝	宋高宗赵构建炎年间	通宝有小平、折二、折三钱，钱文篆、楷（真）、隶三体。重宝较稀见，为折三钱。元宝稀见	仅见小平钱，有篆隶对钱和楷书钱两种，行用于四川路。篆隶对钱应为邛州所铸
绍兴元宝、通宝	宋高宗赵构绍兴年间	元宝有小平、折二、折三铜钱，钱文篆、楷（真）成对。通宝有小平、折二、折三、折五和折十钱	有小平和折二钱。小平钱和折二通宝钱行用于四川路，背文利指利州绍兴监。折二元宝钱为铜范铁，铸地不明
隆兴元宝、通宝	宋孝宗隆兴年间	元宝有折二铜钱，钱文有篆、楷（真）二对。通宝为铁钱	有小平和折二钱，行用于四川路。小平、折二元宝与通宝皆为篆、楷对钱。元宝又有直读和旋读之分。小平和折二的对读版皆稀见
乾道元宝、通宝、重宝	宋孝宗赵昚乾道年间	元宝有折二铜钱，钱文真、篆成对。通宝仅有折五型，稀见。重宝亦稀见	有小平和折二钱，行用于四川路和两淮路
纯熙元宝	宋孝宗赵昚乾道九年		为孝宗拟用年号（《皇宋中兴两朝圣政》中有记载），本品有小平钱背同
淳熙元宝、通宝	宋孝宗赵昚淳熙年间	元宝有小平、折二和折三钱，钱文有真、篆、隶三体。背文有文字（纪年从七到十六年）和星、月纹等	有小平、折二和折三铁钱，分别行用于四川路和两淮路等地。南宋行用折三铁钱从此肇始
绍熙元宝、通宝	宋光宗赵惇绍熙年间	元宝有小平和折二钱。通宝系铁钱，有铁母，稀见	有小平、折二和折三铁钱。小平、折二钱行用于两淮路和京西路，折三钱行用于四川路

（续表）

名称	铸造时间	铜钱情况	铁钱情况
庆元元宝、通宝	宋宁宗赵扩庆元年间	通宝有小平、折二和折三钱，背文纪年“元”至“六”。元宝为当三铁钱	通宝有小平、折二和折三钱。小平、折二钱行用于两淮路、京西路、湖北路，折三钱行用于四川路。元宝是折三钱，背文川，左右为数字
嘉泰元宝、通宝	宋宁宗赵扩嘉泰年间	通宝有小平、折二、折三钱，背文为纪年和纪地。元宝为铁钱	有小平、折二和折三钱。小平、折二钱有通宝和元宝，行用于两淮路、京西路和湖北路。折三钱皆为元宝，行用于四川路
开禧元宝、通宝	宋宁宗赵扩开禧年间	通宝有小平和折二钱，另有试铸折十钱，背文为利。元宝为当三铁钱，铁母仅见	有小平、折二和折三铁钱，钱文楷书。小平、折二钱为通宝，行用于两淮路、京西路和湖北路。折三钱为元宝钱，背文分利、川两类，行用于四川路
圣宋元宝、重宝	宋宁宗赵扩嘉定元年		重宝为折五钱，元宝为折三钱（元宝仅见背上月孕双星且右左四七为文者）。二者钱文皆为楷书，行用于四川路。南宋用折五铁钱，从此肇始
嘉定通宝等	宋宁宗赵扩嘉定年间	通宝有小平和折二钱，背纪年自“元”至“十四”。另有名誉品“嘉定元宝背折十”，一说为南宋安丙家族专门铸造的供自己家族殉葬的瘗钱	有小平、折二、折三和折五钱，背文含汉、同、春，行用于两淮路、京西路和湖北路，其余行用于四川路。还有嘉定元宝、崇宝、正宝、全宝、永宝、安宝、直宝、定宝十数种（一说十七）铁钱
宝庆元宝	宋理宗赵昀宝庆元年		有小平、折二和折三钱，钱文楷书。小平钱行用于两淮路、京西路和湖北路。折二和折三铁钱行用于四川路。小平钱仅见背汉月一种，为汉阳监造
大宋元宝、通宝	宋理宗赵昀宝庆年间	元宝有小平和折二钱，背纪年“元”至“三”。通宝有名誉品“大宋通宝背當拾”	有小平和折三钱，钱文楷书。小平钱行用于两淮路、京西路和湖北路。折三铁钱行用于四川路。通宝仅有小平钱

（续表）

名称	铸造时间	铜钱情况	铁钱情况
绍定元宝、通宝	宋理宗赵昀绍定年间	通宝有小平和折二钱，背纪年为“元”至“六”。元宝为铁钱	有小平和折五钱，钱文楷书。小平钱为通宝，行用于两淮路、京西路和湖北路。折五钱为元宝，行用于四川路
端平元宝、通宝、重宝	宋理宗赵昀端平年间	元宝为小平，只有背“元”。通宝为折五。重宝为折五（一说有折十）	有小平、折五和折十铁钱，南宋行用折十铁钱，从此肇始。钱文楷书。小平钱为通宝，行用于两淮路、京西路。折五钱有通宝和元宝，折十钱为元宝，折五和折十钱行用于四川路
嘉熙通宝、重宝	宋理宗赵昀嘉熙年间	通宝有小平和折二钱。重宝为折五钱	有折五和折十大铁钱，钱文楷书，行用于四川路
淳祐元宝、通宝	宋理宗赵昀淳祐年间	元宝有小平和折二钱。通宝有小平、折二、折三、折十钱。另有名誉品“淳祐当百”	仅见当百铁钱，钱文楷书，行用于四川路。两宋铁钱至此止
皇宋元宝	宋理宗赵昀宝祐年间	有小平和折二钱，面文楷书旋读。背文纪年自“元”至“六”。亦有光背，较少	
开庆通宝	宋理宗赵昀开庆元年	有小平和折二钱，背文均有“元”字	
景定元宝	宋理宗赵昀景定年间	有小平和折二钱，背纪年自“元”至“五”	
咸淳元宝	宋度宗赵禥咸淳年间	有小平和折二钱。背文纪年，自“元”至“八”。背文“九”稀见，待考	
临安府钱牌	南宋末年临安铸行的地方性货币	大面额称铜牌（铸牌），有二百文、三百文、五百文三种。小面额称铅牌（鑞牌），有一十文、四十文和一百文等	
和州行用钱牌	南宋末年和州铸行的地方性货币	按其中一品来看，面文为当十文铜钱，背文抵十八界会子二百，即每贯抵铜钱五十文，可知十八界会子已贬值为原值的六分之一，亦可知宋末纸钞之剧贬	

北宋

宋元通宝

太平通宝

淳化元宝

至道元宝

咸平元宝

景德元宝

祥符元宝

祥符通宝

天禧通宝

天圣元宝

明道元宝

景祐元宝

皇宋通宝

康定元宝

庆历重宝

皇祐元宝

至和通宝

至和元宝

至和重宝

嘉祐元宝

嘉祐通宝

嘉祐重宝

治平元宝

治平通宝

熙宁元宝

熙宁通宝

熙宁重宝

元丰通宝

元丰重宝

元祐通宝

绍圣元宝

绍圣通宝

绍圣重宝

元符通宝

元符重宝

建国通宝

圣宋元宝

圣宋通宝

崇宁元宝

崇宁通宝

崇宁重宝

大观通宝

政和通宝

政和重宝

重和通宝

宣和元宝

宣和通宝

靖康元宝

靖康通宝

应运元宝

应感通宝

南宋

建炎元宝

建炎通宝

建炎重宝

绍兴元宝

绍兴通宝

隆兴元宝

隆兴通宝（铁）

乾道元宝

乾道通宝（铁）

乾道重宝

純熙元宝（铁）

淳熙元宝

淳熙通宝（铁）

绍熙元宝

绍熙通宝

庆元元宝（铁）

庆元通宝

嘉泰元宝（铁）

嘉泰通宝

开禧元宝

开禧通宝

圣宋元宝

圣宋重宝（铁）

嘉定通宝

宝庆元宝（铁）

大宋元宝

大宋通宝（铁）

绍定元宝（铁）

绍定通宝

端平元宝

端平通宝

端平重宝

嘉熙通宝

嘉熙重宝

淳佑元宝

淳佑通宝

皇宋元宝

开庆通宝

景定元宝

咸淳元宝

和州行用钱牌

临安府钱牌

建炎通寶
建炎通寶
靖康元寶

宋元梦华

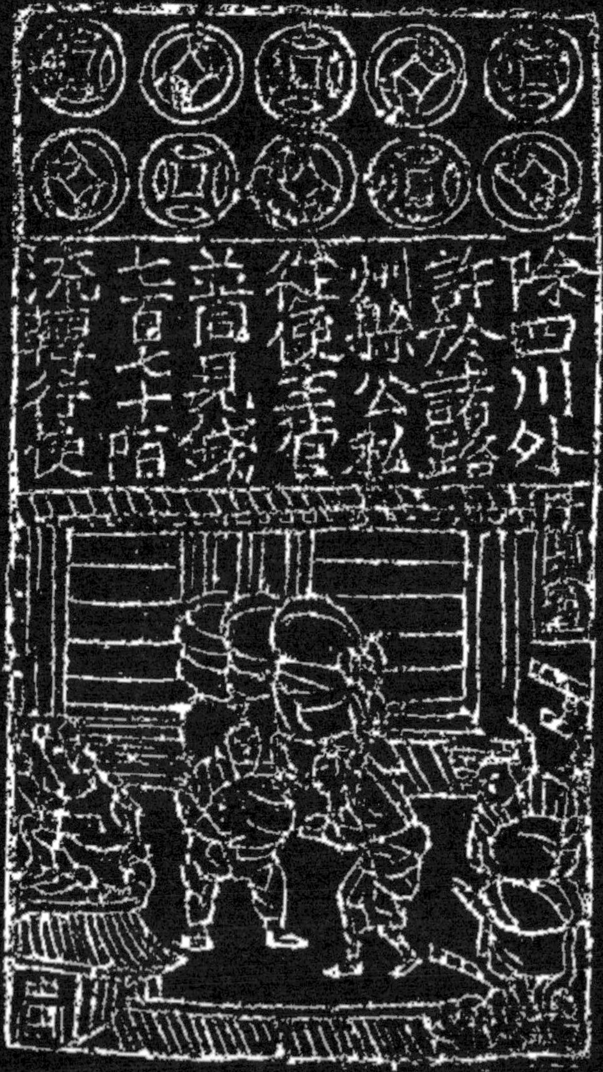
除四川外
許於諸路
州縣公私
從便主管
並同見錢
七百七十陌
流轉行使

又是凄凉时候在天涯。

寒食刚过,僧人仲殊只觉舌间寡淡,饥饿难捱了。

苏东坡若在，仲殊得了接济，胸中便无一毫发事。耳听得红船歌吹，眼瞧见花外高楼，樽樽与东风相约，喝得酒面融春，俗事也尽忘了。

端的是“涌金门外小瀛洲，寒食更风流”。

独来吴中后，“三千粉黛”“十二阑干”都没了踪影，仲殊口袋空空，腹内也空空了。

可惜仲殊本是进士出身，只因生性风流，被娘子投了毒，索了半条命去。寻常的药石都苦涩难耐，仲殊的救命方子却奇得很，谓是尝尽百花，蜂蜜是也。可如今莫说是嗜之如命的蜜儿了，便是口汤饼也足了。

后来饿得狠了，他只得豁出去面皮讨了一文钱来，兑了一碗甜汤来喝。直教：

“钱如蜜，一滴也甜。”

到紧要时，平日里只够饮杯茶水、抓捧小虾、挑几颗蒸枣的一文钱，不仅甜似蜜饯，还能断送了区区性命。

太平兴国年间，崇阳县令张乖崖巡查治下，见一看库小吏的头巾下藏着一枚铜钱，文曰“太平通宝”，便夺钱诘道：“你这厮，恁地监守自盗。左右，叉出去杖四十。”

那小吏倒也不是微末出身，颇有些硬气的，勃然道：“老爷好生蛮法，盗一文钱妨甚事，乃杖我耶？你能杖我，不能斩我也。”

乖崖怒而执笔，写下判词：

“一日一钱，千日千钱。绳锯木断，水滴石穿。”

语罢，仗剑斩其首。

百余年后，岳飞亦行乖崖之事，严令：“取人一钱者，必斩。”再后来，到了乾道年间，朝廷也颁令：“敢船载钱宝一文以上过界者，流配。”

一钱重丘山，斗粟轻粪土。

凡此种种，既有驭下严明的缘故，亦缘于大宋的“钱荒”。

按常理讲，荒就是少，钱荒就是流通领域的货币短缺。如唐代的钱荒，即是因为铜钱量少，乃至“公私交易，十贯以上，即须兼用匹段”。唐廷到了必须依靠布帛的流通来弥补钱荒的地步。

然宋有“富宋”之别号，铜钱数量为古今之最巨。宋人李觏有语：“朝家治平日久，泉府之积尝朽贯矣。”宋太祖开宝年间，仅升州（今南京）就铸钱30万贯，唐代的年铸币量，最高也不过如此。宋神宗元丰年间，年铸币量更高达500万贯，超过明朝铸币量的总和。除此，还有金、银、铁钱、纸币为辅，何来钱少之说？

或曰：钱在何处？

答曰：官家课税，私家藏匿，民间毁钱，泄于四夷。

先是官府重税。中唐以来，税法由征收谷物、布匹等实物的租庸调法，转成以征收金钱为主的两税法。其后税制多变，但以货币纳税仍相沿袭。

宋初鲜有钱荒之事。太宗年间，张乖崖尚未中举，只因与汤阴县令言语投机，辞身时，便得了一万文赏钱。自仁宗起，赋税加重，钱荒始有。作为赋税重地的东南地区钱荒尤甚。欧阳修说："南方库藏，岂有剩钱！"苏轼亦愤："浙中自来号称

钱荒，今者尤甚。"相形之下，赋税汇聚的东京、西北之地，少有钱荒。

再是私家藏匿之风。古泉收藏之来源，一是流传有序的传世钱，二是挖掘地中之钱。由于两宋富家有积贮铜钱的风气，本应出现在流通领域的铜钱，都成了私家窖藏，是故近世宋钱往往都是成堆、成窖地被翻掘而出。朝廷深恶此风，屡屡颁律规制，如绍兴年间之法："命官之家存留见钱二万贯，民庶半之。"奈何百姓竞利，屡次犯禁，却将铜币愈埋愈深，甚或连自己都忘了藏在何地，反倒便宜了

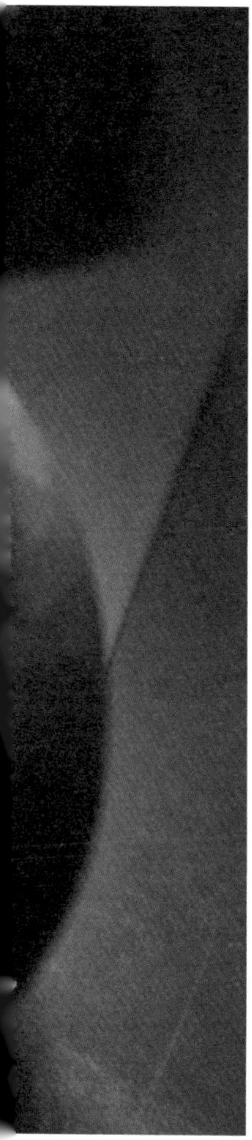

后世藏家。

建炎、绍兴之际，京内少钱，市井惶惶。临安城内，几名差役正与镊公（理发师）扯皮。镊公道：“官爷使小人哪里去？”差役不答，径去捉拿。等进了相府，见了展脚幞头的大官，差役才在镊公耳边嘀咕：“此乃右仆射、同中枢门下平章事兼枢密使秦公桧，你好生栉发（理发）。”末了，秦桧以五千钱当作二钱犒赏镊公，谕云：“这小钱你早些用，过几日就被会废除。”镊公亲得钧旨，却将此事与外人言说，一时临安富户纷纷掘钱花销。不出三日，京内钱荒解除。《宋史》有云“（秦桧）阴险如崖阱，深阻竟叵测”，信矣。

至于民间毁钱铸器，则与汉朝的销铜铸钱恰好相反。汉朝时，“盗铸如云而起，弃市之罪不足以禁矣！”到唐宋时却出现了销毁铜钱，铸成铜器的现象：“销熔十钱，得精铜一两，造作器物，获利五倍。”在钱荒严重的东南，更是销毁钱宝，习以成风。

究其因由，缘是汉朝时商业不盛，百姓对铜器的需求也不旺，铜器流通困难，不如将其私铸成货币牟利。再者，两汉时物物交换的方式依旧存在，到东汉时谷帛也成了主要的交换工具，储蓄铜钱远不如直接储存更为实用的谷帛。唐宋以来，商品经济空前繁荣，但由于严苛的铜禁政策，作为商品的铜器价值出现了虚高，有了奢侈品的属性。与铜器相比，大量的铸币反倒显得轻贱。铜钱的实际价值超出了名义价值，所以民间竞相毁钱铸器。

铜钱的销铸，无疑加剧了钱荒，虽然宋廷颁布了严苛的钱禁、铜禁法令，不仅禁止私铸，还严禁销钱铸器，然人皆逐利犯死，势不可抑。

此外，钱荒的成因也与铜钱的外流有关。相比于粗疏的辽钱、西夏钱，宋钱铸造精美、规范，岁币又因被大量输送至辽、金两国，所以广泛流通于四国之地，有“一国所铸，四朝共用”的说法。在国际市场上，宋钱更是各国贸易的通行钱，不仅流通于日本、高丽、交趾、爪哇等地，甚至在印度、东非、波斯湾也有宋钱通行的痕迹。

宋臣刘挚泣血呼号：“使四夷不劳而获中国之利以为利，三边之所漏，海舶之所运，日积一日，臣恐竭吾货财，穷吾工力，不足以给之。”庙堂的应对之策，除了重刑，还是重刑。然物货之交往，如同江海浩荡，可以疏之，不可以堵之。法禁愈严，犯禁愈烈，如汤鼎沸，激之以冰，水火相较，釜甑炸迸。

钱荒是伴随宋朝亡国的痼疾，直到明朝中叶才彻底解决。明朝的商人通过大洋贸易将欧洲殖民者攫取的白银输送回国，最终确立了脱离铜钱的银本位制度，大明王朝亦因此被誉为“白银帝国”。

在白银与铜钱的较量中，一种肇始于北宋的新兴事物也参与了角力，它使铜钱垂死挣扎了数百年，也曾一度取代铜钱，成为最主要的流通货币，直至被白银击溃。

它便是如今通行于五洲四海的货币——纸币。

纸币极盛于蒙元之世，从至元二十四年（1287）到至正十年（1350），六十余年时间，元廷禁止通行金、银、铜币，唯用纸钱。故而马可波罗初到元朝时，以为纸币如点金之术，惊道：“凡州郡国土及君王所辖之地莫不通行……竟与纯金无别。”

蒙元纸币的推行者是金朝遗民刘秉忠，此人博学多艺，天文地舆，律历遁甲，无所不知，尤精《易》与《经世书》。元世祖引以为肱骨，举凡国家大计，尽与之议。

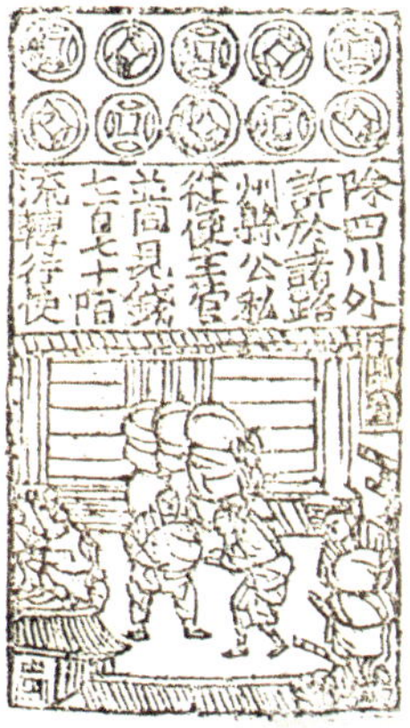

除了章服、朝仪、俸禄、官制等典章制度的订立外，刘秉忠还有三事为功：一是兴建中都（今北京），二是奏立国号（大元），三即是颁行纸币。

据说忽必烈曾在金、银、铜、纸中游移。刘秉忠言："钱用于阳，楮（纸币）用于阴，华夏阳明之区，沙漠幽阴之域，今陛下龙兴沙漠，君临中夏，宜用楮币，俾（使）子孙世守之。若用钱，四海且将不靖。"于是元世祖"遂绝不用钱"。

其实刘秉忠虽以阴阳为说，实则应和元初的形势。元朝币制上承金朝，金朝的交钞发行得比南宋的会子还要早。金朝虽然也曾短暂地行用过正隆、大定等铜钱，但是后期独行纸币，故有"钱货不用"的情景。蒙元灭金后，为衔接之便利，故照例行用纸币。

然而纸币毕竟不同于金属货币，它本身只是毫无价值的废纸而已。稍有变故，其便是动辄十倍、百倍的贬值，远不如铜币等金属货币稳定。

如宋朝在四川初行存款凭证性质的"交子"，后因维持西北军费而滥发，导致信用大跌。又行货物兑换凭证性质的"钱引"，依旧因军费而贬值。至于东南的会子、关子也都是差强人意，"市井视之粪土不如"。

蒙元的早期交钞、中统钞、至元钞、至大银钞和至正钞大抵如同宋朝纸币，也是一贬再贬，一滥再滥，最终在义军的怒火中，被焚烧殆尽。

却说苏轼与仲殊别后，北上霸州探望其父。

大定通寶
申
酉

建炎通寶

《新订北宋符合泉志》原箱

日本泉界自十八世纪末期以来，开始研究中国宋代对钱。村田元成与山田孔章所著的《对钱谱》与《符合泉志》先后问世，此二谱遂被日本泉界奉为圭臬。在之后的二百年里，二谱之原品钱分别经历数位名家收藏而未散。此后，《对钱谱》原箱为小川浩所得，《符合泉志》原箱被大川铁雄收藏。大川铁雄去世后，小川浩将二谱的原品钱归纳汇总，并对《符合泉志》进行增补、修改，于1976年著成《新订北宋符合泉志》。本物系《新订北宋符合泉志》之原箱。

酒至酣时，苏洵说起前朝旧事，以之佐酒。说是有一京城小官去成都府公干，见了成都知府却不参拜。知府大怒，逼其辞官。这小官却骨鲠得很，当下投牒辞官，并提一诗，其诗曰：“秋光都似宦情薄，山色不如归意浓。”知府见诗，大为赞叹，遂与京官把酒言欢，礼为上客。

苏轼听得其人其事，捧腹绝倒，直称“妙人，妙人”。

苏洵接着侃道：“这成都知府做过不少奇事，连朝廷在蜀地发行的交子，也是由他首创。”

苏轼兴致愈浓，问曰：“不知此人，姓甚名谁？”

对曰：“姓张，名咏，字乖崖。”

附：宋代官员俸禄和物价水平的换算

计算方式：宋代金、银、铜钱价格比为 1:10:10:10000，即 1 两金 =10 两银 =10 贯钱 =10000 文钱。宋代 1 市斤 =16 两（旧）=640 克。

1. 按现金价计算：2017 年国内黄金平均价格约为 265 元 / 克，按宋代单位换算为 10600 元 / 两。与今日相比，宋代 1 两金约合人民币 10600 元，即 1 贯钱约合人民币 1060 元，1 文钱约合人民币 1.06 元。

2. 按现米价计算：无论在宋朝还是现代，大米均为生活基础物资，也是国家储备物资，因此米价也可作为计算货币价值的标准之一。排除其中由于建国之初货币发行量小，物价较低，以及战乱等因素导致的物资紧缺、物价上涨的非正常物价来看，宋在和平无战乱时期（基本为宋真宗、仁宗、英宗时代），米价均价约为 400 文 / 石。1 石米 =59.2 千克，大米 2017 年批发均价约为 5200 元 / 吨，即 1 石米价格为 307.84 元，可算得 1 文 =0.77 元。黄金为硬通货，粮食为生存必需品，因此，两者权重基本一致，所以可计算宋代 1 文钱约合现 0.915 元。

另：虽然在宋代白银也是货币之一，但就开采水平的成熟程度以及稀有度来说，目前世界各国统一把黄金作为货币储备，故笔者在计算时放弃使用白银进行比较。

表十 元丰前后文官官阶俸料对照表

<table>
<tr><th colspan="2" rowspan="2">品级</th><th colspan="2">官职</th><th colspan="2">月俸（贯）</th><th colspan="2">合今（人民币／万元）</th></tr>
<tr><th>宋初</th><th>元丰后</th><th>宋初</th><th>元丰后</th><th>宋初</th><th>元丰后</th></tr>
<tr><td rowspan="5">宰执</td><td>从一品</td><td>宰相、枢密使</td><td>宰相、枢密使</td><td colspan="2">300</td><td colspan="2">27</td></tr>
<tr><td rowspan="3">正二品</td><td>参知政事、枢密副使</td><td>中书侍郎、尚书左右丞</td><td colspan="2" rowspan="2">200</td><td colspan="2" rowspan="2">18</td></tr>
<tr><td>知枢密、同知枢密</td><td>知枢密、同知枢密</td></tr>
<tr><td>三司使</td><td></td><td>200</td><td></td><td>18</td><td></td></tr>
<tr><td>从二品</td><td>签书枢密院事</td><td></td><td>150</td><td></td><td>13.5</td><td></td></tr>
<tr><td rowspan="27">朝官</td><td>从一品</td><td>使相</td><td>开府仪同三司</td><td>400</td><td>120</td><td>36</td><td>10.8</td></tr>
<tr><td></td><td>左右仆射</td><td>特进</td><td colspan="2">90</td><td colspan="2">8.1</td></tr>
<tr><td>正二品</td><td>吏部尚书</td><td>金紫光禄大夫</td><td colspan="2" rowspan="3">60</td><td colspan="2" rowspan="3">5.4</td></tr>
<tr><td>从二品</td><td>五曹尚书</td><td>银青光禄大夫</td></tr>
<tr><td rowspan="3">正三品</td><td rowspan="3">左右丞</td><td>光禄大夫</td></tr>
<tr><td>正奉大夫（大观新置）</td><td colspan="2" rowspan="4">55</td><td colspan="2" rowspan="4">4.95</td></tr>
<tr><td>宣奉大夫（大观新置）</td></tr>
<tr><td rowspan="2">从三品</td><td rowspan="2">六曹侍郎</td><td>通奉大夫（大观新置）</td></tr>
<tr><td>正议大夫</td></tr>
<tr><td>正四品</td><td>给事中</td><td>通议大夫</td><td>45</td><td rowspan="2">50</td><td>4.05</td><td rowspan="2">4.5</td></tr>
<tr><td>从四品</td><td>左右谏议大夫</td><td>太中大夫</td><td>40</td><td>3.6</td></tr>
<tr><td rowspan="2">正五品</td><td rowspan="2">秘书省监</td><td>中大夫</td><td colspan="2" rowspan="3">45</td><td colspan="2" rowspan="3">4.05</td></tr>
<tr><td>中奉大夫（大观新置）</td></tr>
<tr><td>从五品</td><td>大卿监</td><td>中散大夫</td></tr>
<tr><td rowspan="2">正六品</td><td rowspan="2">少卿监</td><td>朝议大夫</td><td colspan="2" rowspan="5">35</td><td colspan="2" rowspan="5">3.15</td></tr>
<tr><td>奉直大夫（大观新置）</td></tr>
<tr><td rowspan="3">从六品</td><td rowspan="3">郎中</td><td>朝请大夫</td></tr>
<tr><td>朝散大夫</td></tr>
<tr><td>朝奉大夫</td></tr>
<tr><td rowspan="3">正七品</td><td>侍御史</td><td>朝请郎</td><td colspan="2" rowspan="3">30</td><td colspan="2" rowspan="3">2.7</td></tr>
<tr><td>起居舍人</td><td>朝散郎</td></tr>
<tr><td>左右司谏</td><td>朝奉郎</td></tr>
<tr><td rowspan="2">从七品</td><td>正言、太常博士</td><td rowspan="2">承议郎</td><td colspan="2" rowspan="4">20</td><td colspan="2" rowspan="4">1.8</td></tr>
<tr><td>国子博士</td></tr>
<tr><td rowspan="3">正八品</td><td>著作郎</td><td rowspan="2">奉议郎</td></tr>
<tr><td>秘书、殿中丞</td></tr>
<tr><td>太子中允、洗马</td><td>通直郎</td><td>18</td><td>20</td><td colspan="2">1.62</td></tr>
<tr><td rowspan="6">京官</td><td rowspan="3">从八品</td><td>著作佐郎</td><td rowspan="2">宣德郎（政和改宣教郎）</td><td colspan="2">17</td><td colspan="2">1.53</td></tr>
<tr><td>大理寺丞</td><td>14</td><td>17</td><td>1.26</td><td>1.53</td></tr>
<tr><td>诸寺监丞</td><td>宣议郎</td><td>13</td><td>12</td><td>1.17</td><td>1.08</td></tr>
<tr><td rowspan="2">正九品</td><td>大理评事</td><td>承事郎</td><td colspan="2">10</td><td colspan="2">0.9</td></tr>
<tr><td>太祝、奉礼郎</td><td>承奉郎</td><td colspan="2">8</td><td colspan="2">0.72</td></tr>
<tr><td>从九品</td><td>校书郎</td><td>承务郎</td><td colspan="2">7</td><td colspan="2">0.63</td></tr>
</table>

（续表）

品级		官职		月俸（贯）		合今（人民币/万元）	
		宋初	元丰后	宋初	元丰后	宋初	元丰后
选人	从八品	留守判官、京府判官	承直郎（崇宁改名）	30	25	2.7	2.25
		节度、观察判官		25		2.25	
		节察掌书记、支使	儒林郎（崇宁改名）	20		1.8	
		留守、节察推官	文林郎（崇宁改名）	15		1.35	
		防团推官、军监判官	从仕郎（崇宁改名）	7	15	0.63	1.35
		录事参军、县令	从政郎（政和定名）	10–20		0.9–1.8	
		知录事参军、知县令	修职郎（政和定名）				
	从九品	军巡判官、司理、簿、尉	道功郎（政和定名）	10–12	12	0.9–1.08	1.08

（官职名称出处：《宋史》《中国俸禄制度史》）

表十一 宋代部分物价

生活资料	年代	价格	合今（人民币/元）	出处
米	祥符元年（1008）	70–80 文/石	63–72	《续资治通鉴长编》
	天圣八年（1030）	300 文/石	270	《范仲淹全集·范文正公文集》
	熙宁元年（1068）	700 文/石	630	《永乐大典》
	元祐元年（1086）	200 文/石	180	《续资治通鉴长编》
	宣和四年（1122）	2500–3000 文/石	2250–2700	《宋史·食货志》
	绍兴九年（1139）	3 贯 300 文/石	2970	《高峰文集》
	绍兴二十六年（1156）	2 贯/石	1800	《建炎以来系年要录》
	绍兴二十九年（1159）	1 贯 600 文/石	1440	《相山集》
	乾道三年（1167）	1 贯 200–300 文/石	1080–1170	《宋会要辑稿》
	乾道五年（1169）	3 贯/石	2700	
酒		250 文/斤	225	《水浒传》
菜刀		30 文	27	
禅杖（62 斤）+ 戒刀		5 两银	4500	

表十二 辽、金、西夏、元钱币图释

名称	铸造发行年代	备注
辽		
辽仿前代钱币	辽代早期	或为以辽为代表的北方少数民族政权仿铸，或在辽代钱币出现之前，或与辽钱同时铸行。常见有五铢、货泉、开元等
天朝万顺	辽代早期	刘凤翥先生释为“天朝万顺”，王晴先生释为“天朝万岁”。相同文字不同材质的钱币在多地均有发现。一说为统和后铸造
巡贴类钱币	辽代早期	皇帝巡守赏赐钱，一说有百贴之宝、千贴巡宝、巡千贴宝、丹巡贴宝等。一说为元钱
通行泉货	辽代早期	钱文作八分书，仅小平一种。1981年内蒙古林西县（辽上京）曾出土，故可推测为辽太祖时期铸
神册通宝	辽太祖耶律阿保机神册年间	一说世仅两品：一品出自东北，现存新加坡；另一品曾现身天眷堂
天赞通宝	辽太祖耶律阿保机天赞年间	一说世仅三品：一品1944年由苏州卢氏购得，经马定祥、孙鼎迭藏，现存上海博物馆；一品在我国台湾；一品在新加坡。一说大英博物馆等地亦有

（续表）

名称	铸造发行年代	备注
天显通宝	辽太宗耶律德光天显年间	一说世仅五品：三品在日本，一品在新加坡，一品在我国。1940年北京骆泽民曾得一品，戴葆庭、方若、马定祥认为真品无疑，抗战后期被日本藏家大川铁雄以巨资购得，后捐给日本文化厅
会同通宝	辽太宗耶律德光会同年间	1989年辽宁人冯毅于废品收购站发现了第一枚真品，并由戴志强鉴定确认。一说世仅数品，一说现已有数十品
天禄通宝	辽世宗耶律阮天禄年间	一说世仅四品：一品在我国内蒙古巴林右旗博物馆，一品在中国钱币博物馆，一品由私人收藏，一品在新加坡
应历通宝	辽穆宗耶律璟应历年间	“应历通宝、保宁通宝也都是大珍之品，存世者寥若辰星，无需赘言”（戴志强语）
保宁通宝	辽景宗耶律贤保宁年间	存世量极少，版式有大字、小字、宽缘、细缘、狭穿、广穿、背月纹等区别，存世量在数十枚之内
统和元宝	辽圣宗耶律隆绪统和年间	版式多样，背有光背和月纹等。马定祥曾见过折二型和折十型，惜无从考证
景福通宝	辽兴宗耶律宗真景福年间	早年为大珍，散落于新加坡、俄罗斯、我国台湾等地，现又已发现数枚
重熙通宝	辽兴宗耶律宗真重熙年间	小平钱，版式多样
清宁通宝	辽道宗耶律洪基清宁年间	常见小平钱，版式多样。大字和助国手较少见
咸雍通宝	辽道宗耶律洪基咸雍年间	常见有小平钱，大字版较少见。折二和折五型稀见
大康元宝、通宝	辽道宗耶律洪基大康年间	常见小平钱，版式多样。另有大康通宝大银钱和“大康六年”“大康七年”之大钱，稀见
大安元宝	辽道宗耶律洪基大安年间	常见有小平钱，版式多样。另有折十型大钱，稀见
寿昌元宝	辽道宗耶律洪基寿昌年间	常见小平钱，有数种版式。折二型较稀见，折五型稀见
助国、壮国元宝	辽道宗耶律洪基时期	文字比一般辽钱工整，量亦少
乾统元宝	辽天祚帝耶律延禧乾统年间	常见小平钱。折十型稀见。另有折五型通宝，稀见
天庆元宝	辽天祚帝耶律延禧天庆年间	常见小平钱。折十型稀见。另有折十型大辽天庆，稀见

（续表）

名称	铸造发行年代	备注
	金	
天辅元宝	金太祖完颜阿骨打天辅年间	钱币实物最早见于平岛春水处，马定祥在《历代古钱图说》的批注中亦有涉及。稀见
天眷元宝、通宝、重宝	金熙宗完颜亶天眷年间	一说已陆续发现了“天眷元宝”小平篆书、“天眷通宝”折二真书，“天眷重宝”折三真书三种。三者数量共有五六枚。稀见
皇统元宝、通宝	金熙宗完颜亶皇统年间	元宝为小平钱，玉筋篆。通宝为折五型大钱，篆书，皆仅见
正隆元宝	金废帝完颜亮正隆年间	小平钱，制作精良，铸量甚巨。有名誉品“五笔正隆”，稀见
大定通宝	金世宗完颜雍大定年间	常见有小平钱，其量甚巨，背常有申、酉、星纹等。亦有折二、折五、折十型，后两者稀见
泰和通宝、重宝	金章宗完颜璟泰和年间	通宝为楷书，有小平、折二、折三、折五和折十型。重宝为党怀英所书，精美为金钱之冠
崇庆元宝、通宝	金卫绍王完颜永济崇庆年间	元宝为篆书，折五型，世仅一品。通宝有小平和折二钱，皆稀见
至宁元宝	金卫绍王完颜永济至宁元年	方若旧藏，世仅一品，真假莫测
贞祐元宝、通宝	金宣宗完颜珣贞祐年间	元宝发现者为平岛春水，一说为孤品，通宝有小平、折二和折五钱，皆稀见
阜昌元宝、通宝、重宝	金代伪齐政权阜昌年间	元宝为小平钱，通宝为折二钱，重宝为折三钱，钱文真篆成对，皆较稀见
	西夏	
福圣宝钱	西夏毅宗李谅祚福圣年间	面西夏文，小平型，风格粗犷，存世量不大
大安宝钱	西夏惠宗李秉常大安年间	面西夏文，常见小平钱，较福圣钱精细，可见西夏钱精细化的趋势。有折二型，稀见
大安通宝	西夏惠宗李秉常大安年间	小平钱，稀见。大安年号有三：辽道宗、西夏惠宗和金卫绍王。是品之归属是西夏还是辽，尚有争议

（续表）

名称	铸造发行年代	备注
贞观宝钱	西夏崇宗李乾顺贞观年间	面西夏文，小平型，稀见。“贞观”二字是西夏皇帝崇慕汉文化的佐证
元德通宝、重宝	西夏崇宗李乾顺元德年间	通宝为小平，有楷书和隶书两种，前者更稀见。重宝有折二型、折三型，一说是唯二的西夏大钱
大德通宝	西夏崇宗李乾顺大德年间	小平钱，与元德钱写法较相近。稀见
天盛元宝	西夏仁宗李仁孝天盛年间	小平钱，存世量不少。另有铁钱背西
乾祐宝钱、元宝	西夏仁宗李仁孝乾祐年间	宝钱为小平钱，西夏文。元宝为小平钱，汉文，铁钱较多
天庆宝钱、元宝	西夏桓宗李纯祐天庆年间	宝钱为小平钱，西夏文。元宝为小平钱，汉文，庆字方正，与辽天庆钱迥异
皇建元宝	西夏襄宗李安全皇建年间	小平钱，汉文。钱文楷书旋读，制作较精良
光定元宝	西夏神宗李遵顼光定年间	小平钱，汉文。钱文一般为楷书。另有篆书，稀见
元		
大朝金合	待考	大朝金合（合金）：今人多讹为蒙古汗国铸，然北宋钱币学家李孝美已见过是品，故或为后世据此臆造，或为蒙古汗国之前造，待考（马定祥认为其中一品大朝金合或为唐铸）
大朝通宝	元前蒙古汗国	大朝通宝，钱文楷书，存世较罕
交钞半分	元前蒙古汗国	小平钱，面四决。或读为支钞半分，一说为金元之间的地方铸币
中统元宝	元世祖中统年间	小平钱，钱文真篆二体，稀见
至元通宝（汉文、八思巴文）	元世祖 孛儿只斤•忽必烈至元年间	钱文分八思巴文（今人多误为蒙文）和汉文两种。除小平、折二等版式外，还有供养钱等
元贞通宝（汉文、八思巴文）	元成宗 孛儿只斤•铁穆耳元贞年间	大小薄厚不一，有八思巴文和汉文两种。另有供养钱和银质钱
大德通宝（汉文、八思巴文）	元成宗 孛儿只斤•铁穆耳大德年间	钱文有八思巴文和汉文两种。形制大小不一，字体浑厚，与西夏大的通宝的狭瘦风格迥异。另有供养钱

（续表）

名称	铸造发行年代	备注
至大元宝、通宝	元武宗 孛儿只斤•海山至大年间	元宝大小薄厚不一，“寶”字有简化为“宝”者，为供养钱。通宝为行用钱，存世量不少，版别众多，一说有八思巴文大钱
大元通宝		有小平钱和折十大钱，钱文为八思巴文和汉文，八思巴文为行用钱，存世不少。另有供养钱
大元国宝		钱文为篆书汉字，背有龙纹或者“至大”字样等
皇庆元宝、通宝	元仁宗 孛儿只斤•爱育黎拔力八达皇庆年间	元宝为官铸供养钱。通宝为楷书，一说世仅一枚，一说此枚为伪造
延祐元宝、通宝	元仁宗 孛儿只斤•爱育黎拔力八达延祐年间	为供养钱，一说亦参与流通。另有正用品面“延祐三年”背“宝钞平一”，稀见
至治元宝、通宝	元英宗 孛儿只斤•硕德八剌至治年间	汉文，为供养钱，大小不一，字形漫漶
泰定元宝、通宝	元泰定帝 孛儿只斤•也孙铁木儿泰定年间	为供养钱
致和通宝	元泰定帝 孛儿只斤•也孙铁木儿致和年间	为供养钱。较小
天历元宝	元文宗 孛儿只斤•图帖睦尔天历年间	为供养钱
至顺元宝、通宝	元文宗 孛儿只斤•图帖睦尔至顺年间	多为供养钱，另有类正用品
元统元宝	元顺帝 孛儿只斤•妥懽帖睦尔元统年间	为供养钱
至元元宝、通宝	元顺帝 孛儿只斤•妥懽帖睦尔至元年间	元宝为供养钱，较小。通宝大小不一，多为供养钱，背有星月、“玉”字等
穆清铜宝	元顺帝 孛儿只斤•妥懽帖睦尔至正年间	为供养钱。马定祥认为有金宝、银宝
至正通宝	元顺帝 孛儿只斤•妥懽帖睦尔至正年间	行用钱，有小平、折二、折三、折五和折十型，背有八思巴文纪年、纪值。另有供养钱

（续表）

名称	铸造发行年代	备注
至正之宝	元顺帝 孛儿只斤·妥懽帖睦尔至正年间	面文为汉文，一说为元末书法家周伯琦所书。背文上吉，左右自伍分权钞至伍钱权钞共五等。多出于江西吉安，较罕
元末起义军		
龙凤通宝	元末起义军韩林儿	有小平、折二和折三。较罕
天佑通宝	元末起义军张士诚	有小平、折二、折三和折五。背文皆有纪值：小平铭“一”，折二铭“贰”，折三铭“叁”，折五铭“五”，较罕
天启通宝	元末起义军徐寿辉	有小平、折二和折三。为与明天启区别，本品名为“徐天启”，且本品启字的点、撇相连，与明天启的写法迥异。较罕
天定通宝		有小平、折二和折三，铸量远多于“徐天启”，然亦不多
大义通宝	元末起义军陈友谅	有小平、折二和折三，钱径略小于“徐天启”和“天定”，铸量约与天定相仿
大中通宝	元末起义军朱元璋	有小平、折二、折五和折十。背多有纪地，偶有纪值。大中在朱元璋称帝前分两次铸造，唐石父认为“凡有背文者，除折折十单纪值一种外皆后铸”

辽

天朝万顺

巡贴类（百贴之宝）

通行泉货

神册通宝

天赞通宝

天显通宝

会同通宝

天禄通宝

应历通宝

保宁通宝

统和元宝

景福通宝

重熙通宝

清宁通宝

咸雍通宝

大康通宝

大康元宝

大安元宝

寿昌元宝

助国元宝

壮国元宝

乾统元宝

天庆元宝

金

天辅元宝

天眷通宝

天眷元宝

天眷重宝

皇统通宝

皇统元宝

正隆通宝

大定通宝

泰和通宝

泰和重宝

崇庆通宝

崇庆元宝

至宁元宝

贞祐元宝

贞祐通宝

阜昌元宝

阜昌通宝

阜昌重宝

西夏

福圣宝钱（西夏文）

大安宝钱（西夏文）

大安通宝

贞观宝钱（西夏文）

元德通宝

元德重宝

大德通宝

天盛元宝

乾祐宝钱（西夏文）

乾祐元宝

天庆元宝

天庆宝钱（西夏文）

皇建元宝

光定元宝

元

大朝合金

大朝通宝

交钞半分

中统元宝

至元通宝

至元通宝（八思巴文）

元贞通宝

元贞通宝（八思巴文）

大德通宝

大德元宝（八思巴文）

至大元宝

至大通宝

大元国宝

大元通宝（八思巴文）

皇庆元宝

皇庆通宝

延祐元宝

延祐通宝

至治元宝

至治通宝

泰定元宝

泰定通宝

致和通宝

天历元宝（参考品）

至顺元宝

至顺通宝

元统元宝

至元元宝

至元通宝

穆清铜宝

至正通宝

至正之宝

龙凤通宝

天佑通宝

天启通宝

天定通宝

大义通宝

大中通宝

白银帝国

洪武通寶

福

“百姓虽愚，谁肯以一金买一纸！”

周延儒获罪后，蒋德璟隐忍了大半年之久，任谁都知道他与这位前任首辅甚有瓜葛。只是今日在太和殿上，耳听得户部主事蒋臣对重行“钞法”一事夸夸其口，他实在是怒不可遏了。

语罢，蒋德璟又怒视着面前的三位户部要员。

户部尚书倪元璐，浙江上虞人，天启二年(1622)进士。按祖制，苏、松、江、浙（苏州、松江、江西、浙江）人不得为户部官，其后此制虽屡有松动，但户部尚书一职，在洪武以后的两百余年里，只有倪元璐一人。

苏、松、江、浙是明廷赋税最要之地，朱元璋设此成法，一是怕四地之人回护乡民，降低赋税。二是风闻四地市肆之民“好争讼”“不循法度”，尤其是 “重钱轻钞”“多行折使”的做法，导致其着力颁行的“大明宝钞”愈陷困顿。

有明一代，货币约分为两大阶段：先是明朝中期之前，实行以大明宝钞为主、铜钱为辅的复本位体制，白银禁行；再是成化、弘治以降，实行以白银为主、铜钱为辅的复本位体制，宝钞废弛。

纸钞是朱元璋一统天下的倚仗，早在元至正二十一年（1361），朱元璋铸行大中通宝之时，便已令“商税三十取一，收钞及钱”。洪武初年，更是多次用宝钞赏赐臣子，此时大明宝钞尚未颁布，用的还是元钞。

洪武八年(1375)，诏造“大明宝钞”。史载“明初，钞甚通行”，然而短短十余年后，大明宝钞并没有随着国力民生的恢复而稳定下来，反而陷入了无休止的贬值之中，其衰落之速，竟是比宋、元时更剧。

洪武二十三年(1390)，就有“以钞一贯折钱二百五十文者”的说法，宝钞已贬值到原先的四分之一。洪武二十七年(1394)，两浙“以钱百六文折钞一贯”，宝钞已贬值至原先的六分之一。明廷技穷之下，索性颁布铜钱行用禁令，以行政手段督用宝钞。然而到了明宪宗成化初年，朝廷诏令“每钞一贯折钱四文”，成化七年（1471）更是“钞贯值二三钱”，宝钞几乎贬至面值的千分之一，终于是废纸一张了。

大明宝钞是一种先天不足的货币，它与宋元纸币的准备金制决然不同，是一种强制性的、不能兑换的货币。但其却如同交子一样，都是因为发行无度而衰落。洪武朝的统一战争和永乐朝的下西洋，均是建立在宝钞滥发的基础上，即所谓“壅滞”。

与此对应的是永乐、洪熙年间和宣德年间的两次“救钞”，概而言之就是以增添税目的方式回笼商场上过于泛滥的宝钞。只是本来针对富商大贾的课税，却摊派到了市井小贩和平民百姓头上，并且还增设了大量的税目，以致举凡店铺、摊位、屋舍、园圃，无物不税；吃也税，喝也税，衣也税，行也税，无事不税。然而这些也尽是背离经济的隔靴搔痒之举，或有一时之效，但最终都未能阻止钞法的崩溃。

吊诡的是，本是为了迫使大商巨贾过关时使用宝钞，从而加大宝钞的流转而设立的“钞关”，并没有因为宝钞的废弛而消失，转而成了征收银钱的敛财扒皮之所。商旅为了躲避钞关重税而不肯过关，致使百物腾贵，百姓嗟怨。

万历朝的户部尚书赵世卿痛心疾首道：

“……各关告穷告急之人，无日不至，不敢一一陈渎。大都人情熙熙攘攘，竞尺寸之利，今乃视为畏途，舍其重利，不通往来。无乃税使之害，尤有甚于跋涉风涛者，则苛政猛于虎之说也。”

至于那大明朝堂的信誉，也如同宝钞一样，废弃于道路矣。

白银究竟是什么时候开始成为货币的，没有人

南宋十二两半银铤

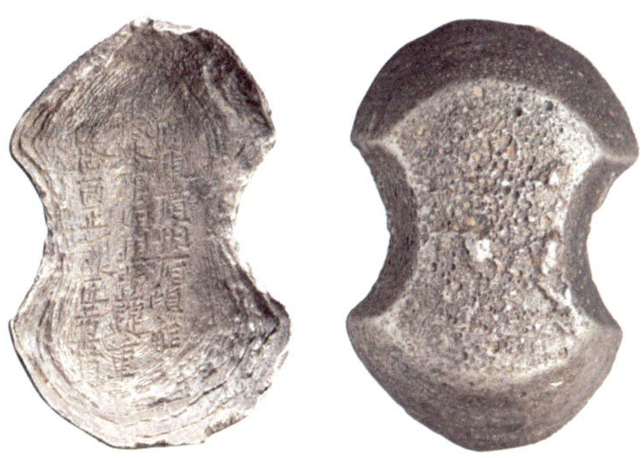

明五十两银锭

清四川“公心昌”双排戳十两银锭

能说得清。但是白银在法律和事实上成为首要货币的时间，无疑是在明朝的中后期。

白银在唐代以前远不如黄金重要，只在汉武帝和王莽时，以白银合金的形式短暂地行用过。隋唐以来，白银开始显现出货币的功用，如在朝廷的赏赐、招募、馈赠和蓄藏等方面的使用。除了在社会上层流通外，白银因为体积小、价值大、便于携带等优点，也开始受到民间的重视。两宋时，以白银为中心的民间借贷机构大量出现，白银逐渐从商品的属性中脱离出来，获得了价值尺度和流通手段的职能，开始货币化。

白银在明代的行用，首先是从税收开始的。洪武七年（1374），徽、饶、宁国等地不通水道，缴纳粮食十分不便，朱元璋下令：“以金、银、钱、布代输，以宽民力。”洪武九年（1376），虽然严禁使用白银，但为少数地区纳税之便，朝廷还是令民以银、钞、钱、绢代输。然而在洪武朝，以银纳税只是个例。为了推行钞法，绝大多数的代粮征收都是以大明宝钞为主。

永乐年间，白银的禁令愈加严厉，民间敢有以白银交易者，以奸恶论处。但是用白银制造的器皿却不在禁例之列，这无形中给白银的流通开了一个口子。

仁宗、宣宗时期，白银禁令开始松弛，此后虽屡有反复，但大体上是宝钞的衰落和白银的崛起之势。直到隆庆元年（1567），明穆宗“令民间货鬻值银一钱以上，银钱兼使，一钱以下，止许用钱”，彻底承认了宝钞的失败和白银的合法化。再后来张居正实行“一条鞭法”时，干脆连铜钱都舍弃了，只征收白银。

明朝的货币史，便是纸币的衰落和白银的崛起史。

除了纸币，白银的另一个竞争对手是铜钱。明清的铜钱分为制钱、古钱和私钱（即私铸钱）三种。所谓制钱，即本朝铸造的钱币。明代铸造的货币极少，明十六帝中只有九位铸造了年号钱，分别是大中通宝、洪武通宝、永乐通宝、宣德通宝、弘治通宝、嘉靖通宝、隆庆通宝、万历通宝、泰昌通宝、天启通宝和崇祯通宝。弘治十八年（1505），给事中许天锡建议在铸钱的铜液中加入锡，以加快翻砂流转。所以晚明、清朝的钱币都质地发黄，俗称黄铜钱。

古钱指的是明代以前的钱币。受私铸的影响，明朝中后期制钱与古钱的兑换比例，逐渐变成了二比一。

然而铜钱价贱体重，且易于盗铸，甚至连虚值大钱这一劣币的功用都被白银代替，所以铜钱自宋后再也没能成为主币。明清时期，铜钱先是宝钞的辅币，后又成为白银的辅币，直至清末而消亡。

白银的通行，还得益于世界白银的大量流入。古代中国从来都不是产银大国，明清时的白银几乎都依赖进口。明清重农抑商，自给自足的小农经济必然使得进口需求远不如出口强烈。在巨大的贸易顺差下，沛然无御的白银大潮从日本、美洲和欧洲涌入中国，诞生了一个汇聚了全世界白银的最大经

济体——白银帝国。

只是在如此浩荡的银白洪流裹挟下，崇祯朝的白银却了无踪迹，数百年前的钱荒终于再次演变成了银荒。

彼时的大明王朝，已是无饷可发，无兵可征，无粮可运。嘉靖帝下诏停止宝钞输京以来，钞益无用，哪怕是将宝钞明晃晃地码在大街上，也无人问津。现如今能让军士搏命的，也只剩下白花花的银子了。

蒋臣所提的钞法不啻于空中楼阁，如今大明朝国库早已见底，又有谁肯以银兑钞？可若是不行钞法，那无尽的饷银又该去哪里凑呢？

户部侍郎王鳌永和内阁首辅陈演应该比谁都清楚，此刻他们在殿内细碎地踱步，眉蹙得就像白银的边翅，一副恨不得毁家纾难的样貌。可是后来李自成攻入北京后，他们一个献银数万两，一个献银四百万两，真个是“蔚为壮观”。原来白银都进了贪官的口袋，鼓囊囊地把大明往泥潭里拽，最后与权贵的尸骨一起江山共老了。

倪元璐该是不明就里的，他本不是个敛聚能臣，陈演也讥他：“元璐书生，不习钱谷。”本次君臣奏对，多是由下属蒋臣面陈皇帝，他则在一旁为之襄助。

户部主事蒋臣，安徽桐城人，崇祯十六年(1643)六月举贤良至北京。他曾经亲身经历桐城的民变，并将之记录在自己的《桐变日录》里。如今天赤如血，流民万里，无外乎就是贫户去抢富户的白银罢了。今日他言说钞法之事，也都是洪武年颁行大明宝钞的那些旧例，唯一不同的是新钞可以兑换白银，只是连他自己都不信罢了。

方才听到蒋阁老一声怒吼，蒋臣更是畏缩不敢张口，汗也涔涔，心也沉沉了。

崇祯本想再问什么，可西北军情却纷至沓来了，不出意料的，尽是诸如潼关失守、孙传庭战死的丧气事。这钞法便再也没人关切，草草地胎死腹中了。

又几个月，太和殿里的六人也都有了结局：

崇祯煤山殉了国。

陈演降了李自成。

蒋德璟投奔南明。

王鳌永归顺大清。

蒋臣失了踪迹，据说是出家为僧了。

至于倪元璐，他也同崇祯一样，挂起了绳子，伸出了脖子，唯以区区报君王了。照例是有绝命书的，上云：

“死，吾分也，勿以衣衾敛。暴我尸，聊志吾痛……”

表十三 明代钱币图释

名称	铸造发行年代	备注
明		
洪武通宝	明太祖朱元璋洪武年间	按形制有小平、当二、当三、当五、当十五种，按背文有纪监、光背、纪值、纪重四种。出于避讳朱元璋名讳的原因，明代钱币称为“通宝”，而不是“元宝”
永乐通宝	明成祖朱棣永乐年间	铸行于铜钱禁废无常之际，主要用于赏赐和外贸，并有邻国日本、越南大量仿铸
宣德通宝	明宣宗朱瞻基宣德年间	宣德八年开铸，光背、厚重
弘治通宝	明孝宗朱祐樘弘治年间	铸于宝钞崩溃、废弛之际，制作粗率，为黄铜钱之肇始
嘉靖通宝	明世宗朱厚熜嘉靖年间	仿洪武钱制，分为小平等五等，然只有小平钱较常见
隆庆通宝	明穆宗朱载垕隆庆年间	光背无文，有金背、火漆的说法（含义不详），传世较少
万历通宝	明神宗朱翊钧万历年间	有小平、折二两种形制，背多光背，亦有星月、纪监、纪值、纪重等文字
泰昌通宝	明熹宗朱由校天启年间	泰昌为明光宗年号，因其在位仅数月，故本钱为其子明熹宗于天启元年补铸，皆为小平钱，一说有大钱
天启通宝		有小平、折二、折十等形制，铸量甚多，背文复杂

（续表）

名称	铸造发行年代	备注
崇祯通宝	明思宗朱由检崇祯年间	有小平、折二、折五、折十等形制，背文复杂，有纪重、纪监、纪地、纪事、天干、吉语、兽纹等，庞然星罗，蔚为大观
大明通宝	南明鲁王朱以海	鲁王朱以海监国时铸于浙江绍兴，只见小平，有光背、背“工”“户”“帅”等，较为罕见
弘光通宝	南明福王朱由崧	有小平钱和折二钱两种，一说小平钱除南京版和凤阳版外，其余为永历朝补铸。其中背凤，即指凤阳，传为马士英铸
隆武通宝	南明唐王朱聿键	有小平和折二钱两种，其中小平背有星纹和纪监、纪地。另有铁钱
永历通宝	南明桂王朱由榔	形制多样，品类丰富，铸量尤巨，影响深远。与兴朝通宝相伴而生，共同开创所谓滇派钱币风格。（滇派钱币有铸多行少，字体古拙，两郭宽泛，搓痕毕现，体厚钱重等特点。）永历通宝除行用于南明政权外，还流通于台湾地区数十年
明末起义军		
永昌通宝	明末李自成大顺政权	李自成据西安时铸，有小平、折五等形制
大顺通宝	明末张献忠大西政权	小平钱，有光背、背“工”、背“户”，另有背“川户”，真假莫辨
西王赏功		赏赐钱，非流通之货币，然历代泉谱皆载，故沿袭之。清人谓之“五十名珍”，今稍有盗出。有金、银、铜三种材质，以铜为最珍
兴朝通宝	明末东平王孙可望	开创滇派钱币风格，有字体古拙、两郭宽泛、搓痕毕现、体厚钱重的特点

明朝

洪武通宝

永乐通宝

宣德通宝

弘治通宝

嘉靖通宝

隆庆通宝

万历通宝

泰昌通宝

天启通宝

崇祯通宝

大明通宝

弘光通宝

隆武通宝

永历通宝

明末起义军

永昌通宝

大顺通宝

西王赏功

兴朝通宝

西钱东渐

天国
太平

聖寶

咸丰三年（1853）初，太平军攻占南京，舳舻顺江而下，距上海不过八百里水路。

自从五口开埠以来，“洋货百物辐辏”的上海，便已入了列强的眈眈虎目。太平军占领天京后，英法等国在拒绝“助缴”的同时，也在租界内布好了铁炮洋枪，直欲趁火劫掠。

只是后来占领沪上、活捉道台吴健彰的不是太平军，也不是西洋兵，而是杂合了天地会和本地帮派的秘密团体——小刀会。

在孔子诞辰这一天，寥寥会众靠着小刀和鸟铳，攻陷上海道署，占领了这座有着近三十万人口的重镇。会首刘丽川专门差人从水、陆两路给洪秀全送去奏章，意在归顺。

刘丽川本系农民出身，大肆封官、鼓铸货币等农民起义的排场丝毫不落。区区一县之地，凡元帅、将军、大臣、参谋一干尽有。其开炉鼓铸货币，面文曰“太平通宝”，以示服从太平天国领导之意；背文为日月纹或“明”字，暗合天地会“反清复明”之要旨。后来的浙江天地会也依样画葫芦地铸造了“太平通宝”“开元通宝”“天朝通宝”“皇帝通宝”，此四钱背文合为“文”“武”“永”“圣”，其意昭然，其志沛然。然则太平天国正受制于清军江北、江南大营，接应上海实是徒具声势。

清军的弹压接踵而来，小刀会内部却产生了罅隙。原来被俘获的上海道台吴健彰和会首刘丽川是同乡。刘丽川来沪后，本是个糖茶掮客，深受吴健彰荫蔽，故不忍其蒙难。另一方面，吴健彰与英美多有商业来往，本身又是美国旗昌洋行的合伙人，英美公使、领事甚或传教士都为之说项。刘丽川久在粤、港，深谙洋务，畏英美如虎矣，只顾不得会众情窘，强舍面皮，私放道台吴健彰离去。

吴健彰死里逃生之后，便出让上海海关征税之权，成立了由英、美、法、中共同管理的“海关税务司”，借此换取列强对小刀会的联合镇压。此后数年，清廷又相继依例成立了粤海关、潮海关、浙海关、津海关、厦门关和江汉关等诸多洋税关，并于咸丰九年（1859）在上海成立总税务司署。又几年，总税务司迁往北京，二十八岁的英国人赫德开始了自己对中国海关长达半个世纪的统治，其在税务、商务、外交和内政方面都有着不容忽视的影响力，是清廷总理衙门“可以信赖的顾问”。

海关税的征收，让本已崩溃的财政起死回升，这种本来不被重视的税种，在清廷“盐引停迟，关税难征，地丁钱粮复因军荒免缓征”的情况下，成了晚清除地税以外，最为重要的财政来源。

此外，面向国内商人征收的厘金税，是战时税收的另一支柱，是各地团练赖以生存的根本，亦是各级官吏敛财的利薮。

关税也罢，厘金也罢，抑或是此前的地丁、津贴、捐输、盐税、茶课，其征收都离不开一种货币——白银。

清代的银两沿袭元明旧制，根据重量约可分为元宝（重约50两）、中锭（重约10两）、小锭（重约3—5两）和碎银数种。但由于银两本身有足重的实银和不足重的虚银之别，且各地的折色的平码

又不尽相同，日常的商业、贸易和汇兑活动变得烦琐不堪。

赫德的属下马士在《中华帝国对外关系史》中谈过一个有趣的例子，一笔江苏的税款按照库平（官方标准）汇到甘肃，缴纳时又折成当地的银两计算；税款再汇往上海又依照漕平折算，到了上海再按规元（上海通行的虚两银）计算；由上海汇往甘肃时又一次折回漕平，再折成当地银两入账，然后折成库平同江苏结算；到江苏后，照例按照本地的银两存入钱庄，最后折回库平同户部结账。

冗冗琐琐，令人瞠目。

五口通商后，中外贸易交往日趋频繁，以西班牙本洋和墨西哥鹰洋为代表的外国银元大量流入国内。由于洋钱具有重量一致、成色标准相同等特点，故除了大宗贸易用银两结算外，洋钱几乎替代了散银、小锭。洋钱畅行以来，许多不法商人用洋钱兑

换中国的银两，再铸成洋钱回流中国的做法也从客观上加快了洋钱流入中国的速度。于是参效洋钱，铸造本国银元的呼声愈来愈高。

晚清银元的铸造，历经从私铸到地方官铸，再到中央官铸的自下而上的过程。早在嘉道时期，便有成规模的民间仿铸：道光十三年（1833），御史黄爵滋曾用广板、福板、杭板、苏板、土板来称呼各地的私铸银元。这种情况在鸦片战争时最为多见，其后在政府的严令中减少。

地方官铸主要是为了减少白银的外流，之中又以林则徐铸造的银饼尤为典型。当然林文忠公深知白银外流的根本原因不在货币本身，而在于鸦片贸易，所以才有了旷古未有之壮举——“虎门销烟”。

光绪十三年（1887），两广总督张之洞奏请在粤试造银元。光绪十五年（1889），广东购入机器，招聘技师，试铸银元，并于次年投入流通，是为中国正式设局铸造银元之始。由于币背铸有龙纹，故被称为“龙洋”。宣统二年（1910），度支部奏定《币制则例》，宣布废银两，以库平七钱二分的银元为国币，银元制度最终在全国范围内得以确立。

话说回咸丰六年（1856），小刀会覆灭后，刘丽川踪迹成迷：或言其战死虹桥，或言其乘洋船逃走。上海道台吴健彰也是命乖运窘，早在两年前便因贪污被革职查办，郁郁归乡。江苏巡抚吉尔杭阿于烟墩山同太平军鏖战五日，中炮身毙。此番事变，得势的却是一个名不见经传的小人物——吴煦。这个靠着捐纳跻身官场，因镇压过棚民起义而被吉尔杭阿招为幕僚的候补知县，此刻正在上海处理小刀会善后事宜，并以海防同知的身份与英法周旋，这亦是其外交活动的嚆矢。咸丰七年（1857），吴煦署理上海捐厘总局，接触上海税收的核心事务，当其贪污被查时，却因擅长外交，于咸丰八年（1858），第二次鸦片战争之时起复，负责与英法交涉通商事则，是为贯通上海兵务、税务、商务和洋务的重臣，并正式署理苏松太道，成为和吴健彰一般的上海道台。

同治元年（1862）正月，李秀成攻克杭州，第二次进逼上海。他不愿与洋人为敌，遂致信英方，希望其保持中立，还随信带去礼物，其中有银币（是银元还是压胜钱已不可考），还有天国自铸的铜钱。

由于史料的匮乏，太平天国钱币始铸之期一直存有争议。据《贼情汇纂》记载，咸丰三年曾有铜匠被太平军俘获，其中有四人被封为“铸钱匠”，但因不谙钱法，铜铅配比不均，所以屡铸均不成轮廓，钱文亦漫漶不清。大致在咸丰四年（1854）时，天国钱匠已经解决了铸钱问题。《太平天国文书汇编》记载了杨秀清给英国人的答涵：“天国圣宝即将颁行，妖号之钱，定将禁绝。”《金陵杂记》和《金陵省难纪略》也都记述了当时铸钱的情况和形制。

太平天国的铸币大体与咸丰制钱相仿，有小平、当五、当十、当五十等多种形制。清代铜钱因袭明代，也称制钱。铸币机构由户部设立的宝泉局、工部设立的宝源局和各省布政使司开设的地方局组成，所铸造的制钱以年号为正面钱文，以铸局为背面钱文，贯穿王朝始终。

但自嘉道以降，尤其是鸦片战争以后，制钱却面临着亘古未有之危机。

屋漏逢雨，太平天国割据半壁江山，切断了大运河这一漕运命脉，这导致京师财政日益吃紧。不得已，清廷于咸丰三年（1853）接连铸造当四、当五、当八、当十，乃至当百、当千等大钱和铅铁等异质钱。同两千年前的白鹿皮币、白金三品如出一

辙，这种单为敛财而生的虚值货币从来就只会加剧通胀和经济崩溃。数年间，咸丰大钱便宣告破产，当百、当千等大额虚值钱币迅速被废止，当十大钱的作价也贬至二到三文之间。此时的国际经济形势亦生剧变：金本位制度在西方相继确立，白银迅速贬值，又形成了银贱钱贵的局面。

钱荒加重，私铸难禁，制钱铸造到了生死存亡之地。

从光绪二十三年（1897）起，多位大员奏请依照银元之法，用机器铸造铜元。尤其是有过十数载使洋经历的总理衙门章京刘庆汾先后两次上奏，大体构筑了银元和铜元相辅流通的框架。朝廷收执以后，即命内阁酌定铸造铜元之事。直到光绪二十六年（1900），广东钱局和广东善后局获李鸿章之首肯，开铸了最早的铜元——

"广东一仙"，其铸法迅速被其他省援引。至此，清初银两和制钱并行的货币体制，终于转变成为银元和铜元并行的货币体制。然清朝此刻却是日薄西山，面对国内汹涌的革命浪潮早已无力回天。就在确立银元制度的后一年，宣统逊位，清廷颁行的意在收归铸权于中央的《货币则例》也变成了废纸。

1862年元旦刚过，刚升任江苏布政使的吴煦得到消息，太平军已经击溃吴淞的清军，沪上告急。

吴煦疾奔外滩的英国领事馆，与英法领事磋商中外会防事宜。西人的哓哓与国人的懦懦，真是一番漫长的纠扯。于是白银，以及会防的一切关节，都像高山巨峭般横亘在吴煦的面前。以租界军务、开沟筑路、洋枪洋炮等开支为酬，吴煦成功地将一年前把北京变成炼狱的敌军化为友军，只是这次英法联军再也没有占人都城的气魄，反与华尔、白齐文率领的洋枪队一起被太平军逼入绝境，狼狈遁走。

清军反倒乐见此景，大解数年之郁悒。正欲谋克天京的曾国藩也对上海的战事洞若观火，见洋人折戟，便揶揄道："人之畏长毛，亦与我同，委而去之，真情毕露。"

咸丰以来，沪上之军务讲求内外兼顾。吴煦久在此地浸淫，又曾助吉尔杭阿平定小刀会之乱，断不想重蹈吴健彰之覆辙。幸好委去的钱鼎铭不负所托，带回了数千援兵防沪。虽不知曾国藩推荐的这支军队战力如何，但听说其头领李鸿章刚被太平军攻破故乡，或许哀兵必胜，能侥幸保住顶戴花翎，更能保住项上人头罢。

吴煦哪里知道，自己花费十八万两白银请来的这位李大人，在把太平军赶出了上海的同时，却以更加雷霆的手段剪除了他的亲信，单给他留了个候补道员的虚职。吴煦心灰意冷，于同治四年（1865）称疾辞官。

吴煦归乡一年后，与他同病相怜的吴健彰重疾难愈，病死于广东香山老家。同年，吴健彰的一个名叫帝象的老乡呱呱坠地。他生于畎亩，曾自称“洪秀全第二”，并屡用他名来宣扬革命，其名有陈文、山月、公武、帝朱、杞忧公子、中原逐鹿士……

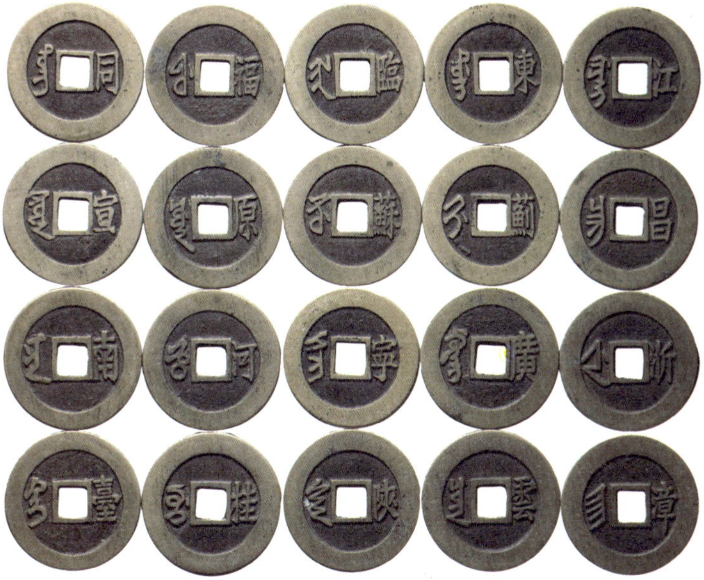

康熙二十局

表十四 清代钱币图释

名称	铸造发行年代	备注
	清朝	
天命通宝（满文、汉文）	后金太祖爱新觉罗•努尔哈赤天命年间	有老满文、汉文两种，光背无文，制作粗糙，钱体厚拙，非专为流通，主为政权建制的需要，故多沦为装饰品
天聪通宝	后金太宗爱新觉罗•皇太极天聪年间	仿明代天启大钱的形制，背文左（偶见上）为十，右为一两，即与天启十一两相同，都为折十钱
顺治通宝	清世祖顺治年间爱新觉罗•福临	初铸在清军入关时，于北京宝源（工部）、宝泉局（户部）铸造，后随着清朝统一的进程，于各地开铸。可分为顺治五式（顺治五式并非一种单纯的收藏分类，而是体现了顺治朝货币的几次改革趋势，有极高的研究价值）：一式为“仿古式”（顺治元年铸，光背无文，仿明钱）；二式为纪局式（顺治二年至九年铸，约有二十余种单字纪局钱）；三式为“一厘式”（顺治十年至十三年铸，其背文包含铸地和“一厘”共三字，意与白银兑换之意，千厘为一两白银。共记铸地有十九种）；四式为“满文式”（顺治十四年开铸，即背文为满文“宝”和“泉”或“源”，共二字的满文。本品预示着清代制钱风格的确立）；五式为“满汉文式”（顺治十七年，户部提准十四个地方局，按照顺治四式的模式，铸造本地顺治钱。由于钱背由本省的汉字简称和满文简称组成，故得名。其铸量为顺治钱之最）

（续表）

名称	铸造发行年代	备注
康熙通宝	清圣祖爱新觉罗•玄烨 康熙年间	康熙通宝大体沿袭顺治四式和五式，并规定后世嗣位改元，均依此制。共计有钱局二十四处，除中央的“泉”“源”外，地方常见有二十处，即：同福临东江，宣原苏蓟昌，南河宁广浙，台桂陕云漳。其余铸地真伪莫测
雍正通宝	清世宗爱新觉罗•胤禛 雍正年间	钱背文均采用顺治四式，中央与地方都是用满文标示，即背穿左是满文宝字，右是纪局。钱局约有十五处，即宝泉、宝源、宝浙、宝苏、宝河、宝黔、宝安、宝云、宝晋、宝武、宝昌、宝济、宝南、宝川和宝巩
乾隆通宝	清高宗爱新觉罗•弘历 乾隆年间	大体沿袭雍正钱制，即背文皆为满文。乾隆时新疆红钱（因以紫铜为铸料，故得名）开铸。红钱从乾隆至宣统时都有铸造，铸局约有阿克苏、宝伊、叶尔羌、库车等数种，背文由维文、满文、汉文等组成
嘉庆通宝	清仁宗爱新觉罗•颙琰 嘉庆年间	大体沿袭前朝钱制
道光通宝	清宣宗爱新觉罗•旻宁 道光年间	大体沿袭前朝钱制。自道光起，制钱愈加粗劣，私钱亦愈滥
咸丰元宝、通宝、重宝	清文宗爱新觉罗•奕詝 咸丰年间	咸丰三年开铸大钱，有当四、五、八、十、二十、三十、四十、五十、一百、二百、三百、四百、五百以及当千等十六个等级。咸丰四年又开铸铁钱与铅钱，又有官票、宝钞与金银并行于世，已有亡国之相
祺祥通宝、重宝	清穆宗爱新觉罗•载淳 祺祥年间	咸丰十一年七月二十六日始铸，尚未发行，便于十月五日被勒令废除，故存世绝少，甚为珍罕
同治通宝、重宝	清穆宗爱新觉罗•载淳 同治年间	形制与祺祥钱类似，有小平钱和大钱两种。大钱至当十止，其大、小、轻、重悬殊，铜质、铸工皆不精
光绪通宝、重宝	清德宗爱新觉罗•载湉 光绪年间	形制与同治钱类似。首有机器压制之方孔钱，即机制币
宣统通宝	清末帝爱新觉罗•溥仪 宣统年间	王朝末年，各省停铸，唯有户部之宝泉局小平钱、新疆红钱、宝广和宝福机制币存世

（续表）

<table>
<tr><th>名称</th><th>铸造发行年代</th><th>备注</th></tr>
<tr><td colspan="3">三藩</td></tr>
<tr><td>利用通宝</td><td rowspan="2">吴周政权吴三桂</td><td>为吴三桂起事之初发行。有小平、折二、折五和折十等形制，背为光背、纪值或纪地</td></tr>
<tr><td>昭武通宝</td><td>为吴三桂于衡阳称帝后铸，形制与明钱相仿，有小平、折十两种。其中篆书昭武通宝颇得藏家青睐</td></tr>
<tr><td>洪化通宝</td><td>吴周政权吴世璠</td><td>形制风格类似利用、昭武，背有光背、星纹、“工”、“户”等</td></tr>
<tr><td>裕民通宝</td><td>靖南王耿精忠</td><td>为耿精忠叛清据闽中时所铸，有小平和大钱。背有光背、纪值、纪地等</td></tr>
<tr><td colspan="3">清末起义军</td></tr>
<tr><td>天国背通宝</td><td rowspan="7">太平天国</td><td>太平天国三年铸，折十型，试铸性质。</td></tr>
<tr><td>天国背圣宝</td><td>太平天国早期铸币，有小平和折十两种，小平较罕</td></tr>
<tr><td>太平天国背圣宝</td><td>太平天国的中期铸币，有小平、当五、当十和当五十等形制，背文圣宝有横写、竖写之区别，书体有宋体、楷书、隐起文等</td></tr>
<tr><td>天国太平背圣宝</td><td>有小平钱和钱径超过 28mm 的大样钱，书体有楷书与宋体，背文圣宝有横、竖两种</td></tr>
<tr><td>太平圣宝背天国</td><td>常见小平钱，背文“天国”为横读</td></tr>
<tr><td>天国圣宝背太平</td><td>太平天国晚期铸币，有小平（背文横读）和当五（背文竖读）两种，当五较罕</td></tr>
<tr><td>太平通宝</td><td>上海小刀会</td><td>小平钱，背有上日纹下月纹、上月纹下明字、左右满文等</td></tr>
<tr><td>平靖通宝</td><td rowspan="8">天地会</td><td rowspan="2">咸丰七年，广东三合会首领李文茂攻占柳州，铸平靖钱。背文为各军营之称谓</td></tr>
<tr><td>平靖胜宝</td></tr>
<tr><td>太平通宝</td><td rowspan="4">浙江天地会铸，背文“文”“武”“永”“圣”恰成套系，是为否认旧谱“太平天国铸币”之因。背文若在穿上，则为会首之物；若在别处，为会员之物。亦有背文为满汉文“浙”者</td></tr>
<tr><td>开元通宝</td></tr>
<tr><td>天朝通宝</td></tr>
<tr><td>皇帝通宝</td></tr>
<tr><td>盘古通宝</td><td>浙江天地会铸，小平，素背</td></tr>
<tr><td>明道通宝</td><td>浙江天地会铸，小平，背文“天”字</td></tr>
<tr><td>嗣统通宝</td><td>白莲教</td><td>一说为太平天国首领张保山联合天地会、白莲教建“嗣统”国时所铸</td></tr>
<tr><td>金钱义记</td><td>浙江金钱会</td><td>浙江金钱会入会凭证，折十型，背有方胜文和“天”、“地”、“离”等文字</td></tr>
</table>

清朝

天命通宝

天命通宝（满文）

天聪通宝（满文）

顺治通宝

康熙通宝

雍正通宝

乾隆通宝

嘉庆通宝

道光通宝

咸丰元宝

咸丰通宝

咸丰重宝

祺祥通宝

祺祥重宝

同治通宝

同治重宝

光绪通宝

光绪重宝

宣统通宝

三藩

利用通宝

昭武通宝

洪化通宝

裕民通宝

清末起义军

天国背通宝

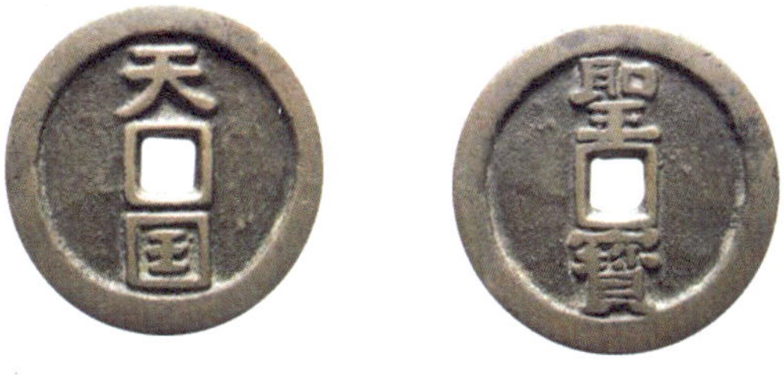

天国背圣宝

太平天国背圣宝

天国太平背圣宝

太平圣宝背天国

天国圣宝背太平

太平通宝

平靖通宝

平靖胜宝

太平通宝（背文）

开元通宝（背武）

天朝通宝（背永）

皇帝通宝（背圣）

盘古通宝

明道通宝

嗣统通宝

金钱义记

民国通宝

谨以此书献给我的祖父任治安先生。

本书的出版有赖于以下师友的帮助（以下排名不分先后）。

其一：

泉界泰斗杜维善先生对本书的推荐；

泉界泰斗戴志强先生对本书的推荐；

中国新闻出版书法家协会主席王云武先生对本书的题签。

其二：

青年收藏家赵梓凯（少泉）老师，从选图、成书、宣传等多方面给予了我无私的帮助。

陕西钱币收藏家、秦汉钱币研究者王泰初老师，对我的关爱和指导。

其三：

艾亮 安小波 毕建 巴特尔 陈光扬 昌辉辉 常圣 陈思齐 贺迪 高轩 高志杰 龚小龙 管月晖 胡世雄 贾晖 靳如意 金存 李繁星 刘伟 李文龙 刘颜 刘弋 林振崑 路战学 马鑫 钱国龙 邱建明 任明敏 石磊 宋捷 宋健 唐明伯 王春义 王飞 王璟 王俊东 吴兴哲 汪洋 吴志博 徐仲 徐涓生 熊文昊 许允丰 徐勇捷 于鸿天 赵百川 邹宝红 张敬林 朱昊斌 张天胤 张泽豪 张子源 等师友在本书的图片和其他方面为我提供了无私的帮助。

我还要衷心地感谢“龘藏”“华夏古泉网”“龙骧古泉”“品一藏泉”“尚古堂”“通宝评级”“天眷堂”“中华国际青年钱币学会”为本书的出版、宣传工作提供的帮助。

秦朝有一士人，酷好古物，价虽贵必求之。一日，有人携败席踵门告曰：『昔鲁哀公命席以问孔子，此孔子所坐之席。』秦士大惬意，以为古，遂以附郭田易之。

逾时，又一人持古杖以售之，曰：『此乃太王避狄，杖策去豳时所操之棰也，盖先孔子之席数百年，子何以偿我？』秦士倾家资与之。

既而又有人持朽椀一只，曰：『席与杖皆未为古，此椀乃桀造，盖又远于周。』秦士愈以为远，遂虚所居之宅而予之。

三器既得，而田资罄尽，无以衣食，然好古之心，终未忍舍三器，于是披哀公之席，把太王之杖，执桀所作之椀，行丐于市，曰：『衣食父母，有太公九府钱，乞一文！』

——《事林广记》